Ébredj, Izrael!

*„A nap sötétséggé válik,
a hold pedig vérré,
minekelőtte eljő az Úrnak
nagy és rettenetes napja.
De mindaz, a ki az Úrnak nevét
hívja segítségül,
megmenekül;
mert a Sion hegyén és Jeruzsálemben
lészen a szabadulás,
a mint megígérte az Úr,
és a megszabadultak közt lesznek azok,
a kiket elhí az Úr!"*

(Jóel 2,31-32)

Ébredj, Izrael!

Dr. Jaerock Lee

Ébredj, Izrael! Dr. Jaerock Lee
Kiadta az Urim Books (Representative: Seongnam Vin)
361-66, Shindaebang-Dong, Dongjak-Gu, Szöul, Korea
www.urimbooks.com

Minden jog fenntartva. Ez a könyv vagy annak egy része nem reprodukálható semmilyen formában, nem tárolható előhívható rendszerben, nem sokszorosítható semmilyen formában vagy eszköz által, elektronikus, mechanikai vagy fénymásolt, rögzített vagy más formában, a kiadó előzőleges írásos beleegyezése nélkül.

Hacsak másként nem jelöltük, az összes bibliai idézet a Károli Szent Bibliából származik. Engedéllyel felhasználva.

Copyright © 2020 by Dr. Jaerock Lee
ISBN: 979-11-263-0605-3 03230
Fordítói Copyright © 2015 by Dr. Esther K. Chung. Engedéllyel felhasználva.

Korábban megjelent koreai nyelven 2007-ben az Urim Books kiadásában, Szöul, Korea

Először kiadva 2020. novemberben

Szerkesztette Dr. Geumsun Vin
Designed by Editorial Bureau of Urim Books
Nyomtatva a Yewon Printing Company által
További információért lépjen kapcsolatba velünk: urimbook@hotmail.com

Bevezető

A huszadik század hajnalán Palesztina kopár földjén – ahol akkoriban senki sem akart élni – jelentős eseménysorozat történt. A zsidók, akik szétszóródtak Kelet-Európában, Oroszországban és a világ többi részén, elkezdtek beszivárogni egy olyan földterületre, amely gazdag volt bogáncsban, szegény volt, tele éhezéssel, betegséggel és kínokkal.

A malária és éhezés miatti magas halálozás ellenére a zsidók nem vesztették el az erős hitüket és ambícióikat, hanem elkezdtek kibbutzokat építeni (egy munkahely Izraelben, például egy farm vagy gyár, ahol a munkások együtt élnek, és a felelősséget, valamint a fizetésüket is megosztják egymással). Ahogy Theodor Herzl, a modern cionizmus megalapítója mondta: „Ha igazán akarod, nem csak álom marad," Izrael újraépítése valósággá vált.

Ha teljesen őszinték akarunk lenni, Izrael újraépítése lehetetlen álomnak tűnt, amiben senki sem akart hinni. Azonban a zsidók megvalósították az álmot, és Izrael állam megszületésével – csodával határos módon visszanyerték a saját országukat, először – körülbelül 1.900 év után.

Izrael népe az évszázados üldöztetés és meg kínzatás ellenére, amelyet elszenvedett az alatt az idő alatt, amikor idegen földön szétszóródtak, megtartotta a hitét, kultúráját és nyelvét, és állandóan fejlesztette ezeket. Izrael modern államának létrehozása után megművelték a csupasz földeket, és nagy hangsúlyt fektettek arra, hogy számos olyan iparágat kifejlesszenek, amelyek segítségével bemehettek a fejlett országok csoportjába, és jelentős nemzetté váltak, amely megfelelt az állandó kihívásoknak, és a fenyegetések között is tovább fejlődtek.

Miután 1982-ben megalakult a Manmin egyház és templom, a Szentlélek sugallatára Isten feltárt előttem sok mindent Izraellel kapcsolatban, mivel Izrael függetlensége jel számunkra az utolsó napokban, és a bibliai prófécia beteljesülését jelzi.

Halljátok meg az Úrnak szavát, ti pogányok, és hirdessétek a messzevaló szigeteknek, és ezt mondjátok: A ki elszórta az Izráelt, az gyűjti őt össze, és megőrzi, mint a pásztor a maga nyáját (Jeremiás próféta könyve 31,10).

Isten kiválasztotta Izrael népét, hogy feltárja a gondviselését, amellyel megalkotta az embert, és művelte őt. Először, Isten Ábrahámból „a hit atyját" alkotta meg, majd megalkotta Jákobot, Ábrahám unokáját, mint Izrael alapítóját, és azóta Isten kinyilvánítja az Ő akaratát Jákob leszármazottjainak, és megvalósítja az emberiség művelésének gondviselését.

Amikor Izrael hitt Isten szavában, és az Ő akaratának megfelelően járt, engedelmeskedően, nagy dicsőségnek és tiszteletnek örvendett, és minden más nemzet fölött állt. Amikor eltávolodott Istentől, és ellenállt Neki, Izrael számos kínt látott, beleértve az idegen inváziót és azt, hogy a nép úgy kellett hogy éljen, mint a csavargók, a világ minden táján.

Azonban még akkor is, amikor Izrael nehézségekkel kellett hogy számoljon a bűnei miatt, Isten vele volt, nem hagyta el, és nem felejtette el az országot. Izrael mindig Istenhez volt kötve az Ábrahám és Isten között létrejött szövetség miatt, és Isten soha nem szűnt meg a zsidóknak dolgozni.

Isten rendkívüli gondviselése és vezetése miatt Izrael népe mindig fennmaradt, elérte a függetlenséget, és még egyszer egy, a nemzetek fölött álló néppé vált. Hogyan maradhatott fenn Izrael népe, és miért állították vissza Izraelt?

Sok ember ezt mondja: „A zsidó nemzet túlélése egy csoda." Mivel a diaszpóra alatt elszenvedett üldözés és elnyomás természete és nagysága minden leírást és képzeletet felülmúl, Izrael története önmagában is a Biblia igazságát tanúsítja. Egy még nagyobb méretű gyötrelem és aggodalom, mint amivel a zsidó népnek kell szembenéznie, fog bekövetkezni Jézus Krisztus második eljövetele után. Természetesen azok az emberek, akik elfogadták Jézus Krisztust személyes megmentőjükként, a levegőbe mennek majd, és részt vesznek az Úrral tartott lakodalmi menyegzőn. Azok azonban, akik nem fogadták el Jézus krisztust Megmentőjükként, nem emelkednek fel a levegőbe az Ő visszatérésekor, és hét évig szenvednek a Nagy Csapás alatt.

„Mert ímé, eljön a nap, lángoló, mint a sütőkemencze, és [olyanná] lesz minden kevély és minden gonosztevő, [mint] a pozdorja, és megégeti őket az eljövendő nap, azt mondja a Seregeknek Ura, a mely nem hagy rajtok gyökeret, sem ágat" (Malakiás 4,1).

Isten már feltárta előttem a megpróbáltatásokat, amelyek

bekövetkeznek majd a Nagy Csapás hét éve alatt. Ebből kifolyólag, komolyan azt kívánom Izrael népének, Isten kiválasztott népének, hogy elfogadja, további késedelem nélkül Jézust, aki a földön kétezer évvel ezelőtt járt az ő Megmentőjükként, hogy senki ne maradjon közülük hátra, hogy a Nagy Csapás hét éve alatt szenvedjen.

A Manmin Központi Egyház huszonötödik évfordulója alkalmával írtam egy dolgozatot, amelyben válaszokat adtam a zsidók évezredes szomjával kapcsolatban, amelyet a Messiás iránt éreznek, és további, nagyon régi kérdésekre, amelyek állandóak.

Kívánom, hogy e könyv olvasói szívükre vegyék Isten elszánt szeretet-üzenetét, és késedelem nélkül találkozzanak a Messiással, akit Isten az egész emberiségnek küldött!

Mindannyitokat teljes szívemből szeretlek.

2007. november,
A Gethsemane Imaházban

Jaerock Lee

Előszó

Istennek köszönettel és dicsőségadással tartozom azért, mert megáldott, és elvezetett minket oda, hogy az Ébredj, Izrael! című könyvet az utolsó napokban ki tudjuk adni. Ezt a könyvet Isten akaratának megfelelően adtuk ki, aki azt szeretné, hogy Izrael felébredjen és megmeneküljön. Izraelt Isten mérhetetlen szeretete vezérli, aki azt szeretné, ha egyetlen lélek sem veszne el.

Az első fejezet: „*Izrael: Isten választottja*" megmagyarázza az okokat, amiért Isten megalkotta és műveli az emberiséget a földön, és az Ő gondviselésének az okait, amikor kiválasztotta az izraeli népet, mint az Ő népe, akit vezet az emberiség történelmén át. A fejezet bevezeti Izrael nagyszerű hitbeli ősatyáit is, valamint az Urunkat, aki megjött a világra, amint a prófécia megjósolta: az összes nép Megmentője megérkezik, Dávid házából.

Az által, hogy megvizsgálja a bibliai próféciákat a Messiásról, a második fejezet, „A Messiás, akit Isten küldött" arról tanúsít, hogy Jézus az a Messiás, akinek az érkezését Izrael buzgón várja, és hogy a föld visszavásárlása révén Ő az emberiség Megmentője, aki minden szempontból Messiás. Továbbá, a második fejezet azt is megvizsgálja, hogyan teljesítette be Jézus az Ótestamentumi próféciákat a Messiással kapcsolatban, valamint az Izrael történelme és Jézus halála között fennálló kapcsolatot is.

A harmadik fejezet, „Isten, akiben Izrael hisz" közelről megnézi Izrael népét, akik szigorúan engedelmeskednek a törvénynek és a hagyományainak, és elmagyarázza, mivel elégedett Isten. Ráadásul eszükbe jutatja, hogy eltávolodtak Istentől és az Ő akaratától azzal, hogy az idősek hagyományát megteremtették, és ezzel a fejezet arra buzdítja őket, hogy elképzeljék Isten igaz akaratát akkor, amikor nekik adta a törvényt, és amikor arra kérte őket, hogy a törvényt szeretettel valósítsák meg.

Az utolsó fejezet a jelent vizsgálja: „Nézd és halld!", amely a Biblia szerint „az idő végét" jelenti, valamint az Antikrisztus megjelenését is, és leírást nyújt a hétéves nagy csapásról is. Továbbá azzal, hogy Isten két titkát tanúsítja – amelyeket a kiválasztott Népének készített elő a végtelen szeretetében, hogy Izrael népe üdvözülhessen és megélhesse az emberiség művelésének végpontját – az utolsó fejezet arra biztatja Izrael népét, hogy ne feledkezzen meg az üdvösséghez vezető utolsó lehetőségről.

Amikor az első ember, Ádám elkövette az engedetlenség bűnét és ezért kivezették őt az Édenkertből, Isten megengedte neki, hogy Izrael földjén éljen. Azóta az emberiség művelésének történelme folytán Isten arra vár, évezredek óta, és még ma is, hogy igaz gyermekeket nyerjen.

Nincs idő a késlekedésre vagy pazarlásra. Azt kívánom, hogy mindannyian rájöjjünk, hogy ezek az utolsó napok, és készüljünk az Úr fogadására, aki a királyok Királyaként és az urak uraként fog visszatérni, az Ő nevében komolyan imádkozom.

2007. november
Geum-sun Vin,
a kiadó igazgatója

Tartalomjegyzék

Bevezető
Előszó

Első fejezet
Izrael: Isten választottja

Az emberiség művelésének kezdete _ 3
Nagyszerű ősatyák _ 18
Emberek, akik Jézus Krisztusról tanúskodnak _ 37

Második fejezet
A Messiás, akit Isten küldött

Isten megígéri, hogy elküldi a Messiást _ 57
A Messiás képzettsége _ 64
Jézus beteljesíti a próféciákat _ 79
Jézus halála, és az Izraellel kapcsolatos próféciák _ 87

Harmadik fejezet
Isten, akiben Izrael hisz

A Törvény és a tradíció _ 95
Isten igazi célja azzal, hogy a Törvényt adta nekünk _ 106

Negyedik fejezet
Nézd és halld!

A világvége felé _ 127
A tíz lábujj _ 144
Isten biztos szeretete _ 156

Első fejezet

Izrael: Isten választottja

Az emberiség művelésének kezdete

Mózes, Izrael nagy vezetője, aki a népét kiszabadította Egyiptomból és elvezette őket az Ígéret Földjére, Kánaánba és Isten helyetteseként szolgált, a Genezis könyvében így kezdte a mondandóját:

„*Kezdetben Isten teremtette a mennyet és a földet"* (1:1).

Isten megteremtette a mennyet és a földet, és mindent, ami bennük van hat nap alatt, és megpihent a hetedik napon, amelyet megáldott és szentté alakított. Miért alkotta meg Isten az univerzumot, és mindent, ami benne van? Miért alkotta meg az embert, és engedte meg számos embernek Ádám után, hogy itt éljen a földön?

Isten megkereste azokat, akikkel örökre osztozni tudott a szeretetben

A mennyország és a föld megteremtése előtt a mindenható Isten a végtelen univerzumban létezett, mint fény, amelybe a hang volt beágyazva. Hosszú magányosság után Isten azt akarta, hogy örökre megoszthassa a szeretetét az emberekkel.

Istennek nemcsak az Isteni szeretet volt a sajátja, mely Őt az Alkotóként határozta meg, hanem emberi természete is volt, amellyel érezte az örömöt, dühöt, szomorúságot és gyönyört. Azt akarta, hogy adjon másoknak szeretetet, és kapjon is tőlük. A Bibliában számos referencia van, mely arra utal, hogy Istennek emberi természete van. Örömét lelte és elragadtatta Őt az izraeliták igazságos cselekedete (Mózes ötödik könyve 10,15, Példabeszédek könyve 16,7), azonban szomorú volt és dühös, amikor azok vétkeztek (Exodus 32,10, Mózes ötödik könyve 11,1; 32,13).

Vannak idők, amikor egy egyén arra vágyik, hogy egyedül legyen, azonban örülni fog, ha egy barátjának ki tudja önteni a szívét. Mivel Istennek emberi természete volt, azt akarta, hogy nála legyenek azok, akiknek a Szeretetét oda tudta adni, akiknek a szíve mélyét el tudta érni, és fordítva.

„Nem lenne megható és örömteli, ha olyan gyermekeim lennének, akik a szívem mélyére tudnának hatolni, és akikkel megoszthatnám a szeretetet ebben a hatalmas birodalomban?"

Akkor, amikor Ő jónak látta, Isten egy tervet készített arra nézve, hogy igaz gyermekeket nyerjen, akik Rá hasonlítanak majd. Ezért Isten megalkotta nemcsak a szellemi birodalmat, hanem a fizikait is, amelyben az emberiségnek élnie kell.

Lehet, hogy azon gondolkodsz: „Számos olyan mennyei házigazda és angyal van, akik nagyon engedékenyek. Miért kellett Istennek átmennie ezen a gondon, hogy embert teremtsen?" Néhány angyalt leszámítva azonban a legtöbb mennyei lénynek nincs emberi természete, amely a legfontosabb elem akkor, ha valaki szeretetet akar adni és kapni: nincs szabad akarata, amellyel saját maguk választanak dolgokat. Az ilyen mennyei lények olyanok, mint a robotok: engedelmeskednek a nekik szóló parancsnak, de nem érzik az örömöt, dühöt, szomorúságot vagy az élvezetet, és képtelenek olyan szeretetet adni, amely a szívük mélyéről fakad.

Tegyük fel, hogy egy gyermek, aki soha nem fejezi ki az érzelmeit, véleményét vagy szeretetét, nagyon engedékeny és jól elvégez mindent, amivel megbízzák. Egy másik gyermek, bár időről időre csalódást okoz a szüleinek a saját választása miatt, gyorsan megbánja a rossz cselekedeteit, szeretettel csüng a szülein, és különböző módokon fejezi ki a szíve dolgait. A kettejük közül melyiket választanád? Valószínűleg az utóbbit. Ha van is egy robotod, amely mindent megtesz helyetted, nem fogod a gyerekeidnél jobban szeretni őt. Ugyanígy, Istennek is azok az emberek tetszettek, akik boldogan engedelmeskedtek neki az érvelése és érzelmei hallatán, és nem a robotszerű mennyei házigazdák és angyalok.

Isten gondviselése, mellyel igaz gyermekeket nyer

Miután megalkotta az első embert, Ádámot, Isten megalkotta az Édenkertet, és megengedte neki, hogy uralkodjon benne. Minden bőséges volt az Édenkertben, és Ádám a szabad

5

Izrael: Isten választottja

akaratával és tekintélyével, melyet Istentől kapott, uralkodhatott itt. Azonban volt egy olyan dolog, amelyet Isten megtiltott neki.

És parancsola az Úr Isten az embernek, mondván: A kert minden fájáról bátran egyél. De a jó és gonosz tudásának fájáról, arról ne egyél; mert a mely napon ejéndel arról, bizony meghalsz (Genezis 2,16-17).

Ez egy rendszer volt, amelyet Isten létrehozott Saját Maga, az Alkotó és a létrehozott ember között, és azt akarta, hogy Ádám szót fogadjon Neki saját akaratából, és a szíve mélyéről. Hosszú idő elteltével azonban Ádám nem tartotta be Isten szavait és elkövette az engedetlenség bűnét azzal, hogy evett a jó és a rossz tudásának fájáról.

A Genezis 3-ban van egy jelenet, amelyben a kígyó, miután a Sátán felbujtotta, megkérdezte Évát: „Valóban, ezt mondta Isten: „Nem ehetsz a kert egyetlen fájáról sem?" (1. vers) Éva meg ezt válaszolta: „Isten azt mondta: Nem ehetsz arról a fáról, amely a kert közepén van, és nem érintheted meg, mert meghalsz" (2. vers)

Isten világosan megmondta Évának: „Azon a napon, amikor eszel a gyümölcséből, biztosan meghalsz," azonban ő megváltoztatta Isten parancsát, és ezt mondta: „Meg fogsz halni."

Amikor rájött, hogy Éva nem vette szívre Isten parancsát, a kígyó egyre agresszívebbé vált a megkísértéssel. „Biztosan nem fogsz meghalni" – mondta Évának. „Mivel Isten tudja, hogy azon a napon, amikor eszel belőle, a szemeid kinyílnak, és olyan leszel, mint Isten, aki ismeri a jót és a gonoszt" (5. vers).

Amikor Éva elméjén keresztül a Sátán mohón lélegzett, a jó és a rossz tudásának a fája más színben tűnt fel az asszony szemében. Olyannak tűnt, hogy a gyümölcse ehető ételként, és jó volt ránézni, és kívánatos volt, mert azt gondolta, hogy bölcsebbé válhat általa. Éva megette a gyümölcsét, és a férjének is adott, aki szintén evett belőle.

Így történt az, hogy Ádám és Éva ellenszegült Isten szavának, és úgy végezték, hogy a halál várt rájuk (Genezis 2,17).

Itt a „halál" nemcsak a húsbeli halálra vonatkozik, amikor egy emberi test már nem lélegzik tovább, hanem a spirituális halálra is. Miután evett a jó és a rossz tudásának fájáról, Ádám gyermekeket nemzett, és 930 éves korában elhunyt (Genezis 5,2-5). Ebből tudjuk, hogy a „halál" nem a fizikai halálra vonatkozik itt.

Az ember eredetileg a lélek, szellem és test elegyeként volt megteremtve. Volt szelleme, amely által képes volt Istennel kommunikálni, lelke, amely a szelleme ellenőrzése alatt volt, és teste, amely pajzsként szolgált a szellem és a lélek számára. Azért, mert elfelejtette Isten akaratát, és elkövetett egy bűnt, a szellem meghalt, és az Istennel való kommunikálása is szigorúbbá vált, és ez a „halál", amelyről Isten beszélt a Genezis 2,17-ben.

A bűnük elkövetése után Ádám és Éva ki kellett hogy menjen a gyönyörű és bőséges Édenkertből. Ezzel elkezdődött a teljes emberiség gyötrelme. A gyerekszülés fájdalma a nő számára a sokszorosára növekedett, és a nő sorsa az volt, hogy a férjét kívánja, és az őt vezesse, míg az ember verejtékes munkával élte le az életét, és megette az elátkozott földet (Genezis 3,16-17).

Ezzel kapcsolatban a Genezis 3,23 ezt mondja nekünk: *"Kiküldé őt az Úr Isten az Éden kertjéből, hogy mívelje a földet, a melyből vétetett vala."* Itt a "művelje a földet" nemcsak az ember verejtékes munkájára vonatkozik, amellyel ehet a föld terméséből, hanem arra is, hogy az embernek a "művelnie kell a szívét", amíg a földön él.

Az emberiség művelése Ádám bűnétől kezdődik

Ádám, amikor emberi lényként megteremtette őt az Isten, nem volt gonosz a szívében, és ezért nem is kellett hogy művelje azt. Azonban a bűne után a szíve átitatódott az igaztalansággal, és ekkor szüksége volt arra, hogy a szívét tisztává varázsolja, amilyen volt a bűnbe esése előtt.

Így Ádámnak a bűnei és igaztalanságai miatt korrupttá vált szívét művelnie kellett, hogy az igazzá válhasson, és úgy kellett előállnia a bűnözés után, mint Isten igaz gyermeke. Amikor a Biblia azt mondja: „Kiküldé őt az Úr Isten az Éden kertjéből, hogy mívelje a földet, a melyből vétetett vala", ezt jelenti, és így fogalmaznak ezzel kapcsolatban: „az emberiség művelése Isten által."

Konvencionálisan a "művelés" arra a folyamatra vonatkozik,

amelyben egy földműves elveti a magokat, majd learatja a gyümölcsöt. Annak érdekében, hogy „művelje" az emberiséget a földön és igaz gyümölcsöt nyerjen, ami „Isten igaz gyermekeit" jelenti, Isten elvetette az első magokat, Ádámot és Évát. Ádámon és Éván át, akik Istennek ellenálltak, számtalan gyermek született, és Isten művelése által számos ember újjászületett, mint Isten gyermeke úgy, hogy a szívüket művelték, és Isten elveszett képét visszaszerezték.

Így, amikor „Isten az emberiséget műveli", a teljes folyamatra kell gondolnunk, amelyben Isten irányítja és oltalmába veszi az emberi történelmet, az ember megalkotásától kezdve az Ítéletig azért, hogy igaz gyermekeket nyerjen.

Ahogy egy földműves legyőzi az áradást, szárazságot, fagyot, jégesőt és az élősködőket, miután elveti a magokat, de gyönyörű magokat arat a végén, Isten is mindent ellenőrzött, hogy olyan gyermekeket nyerjen, akik előjönnek, miután a halálon, betegségen, elváláson és másfajta szenvedéseken a földi életük során átmentek.

Az ok, amiért Isten elhelyezte a jó és a rossz tudásának a fáját az Édenkertbe

Lehet, hogy néhányan ezt kérdezik: „Miért helyezte el Isten a jó és a rossz tudásának a fáját, amely által az ember bűnözött, és végül tönkrement?" Azért tette ezt Isten – elhelyezte a jó és a rossz tudásának a fáját – mert azt akarta, hogy az Ő nagyszerű gondviselése által az ember megtudja, mi a „relativitás".

A legtöbb ember azt feltételezi, hogy Ádám és Éva mérhetetlenül boldog volt, hogy az Édenkertben élhetett, hiszen itt nem voltak könnyek, szomorúság, betegség, vagy kínzás. Azonban Ádám és Éva nem ismerte az igaz boldogságot és örömöt, mivel fogalmuk sem volt a relativitásról az Édenkertben.

Például, hogyan reagálna két gyerek ugyanarra az ajándékra, ha az egyik egy gazdag, míg a másik egy szegény családból származna? Az utóbbi hálásabb, és a szíve mélyén boldogabb lenne, mint a gazdag gyerek.

Hogy megértsd valaminek az igazi értékét, meg kell tapasztald annak az ellenkezőjét is. Csak ha már szenvedtél betegségtől, leszel képes a jó egészséget értékelni. Csak amikor már tudatában vagy a halálnak és a pokolnak, leszel képes az örök élet értékét felfogni, és megköszönni a szeretet Istenének, hogy a mennyországot neked adta, örökre.

A gyönyörű Édenkertben az első ember, Ádám mindent nagyon élvezett, amit Isten adott neki, természetesen a hatalmat is, hogy a többi teremtett lényen uralkodjon. Azonban, mivel nem a saját verejtékének a gyümölcsei voltak, Ádám nem értette, hogy milyen fontosak ezek, és Istent sem értékelte azért, mert ezeket neki adta. Csak miután erre a világra kivezették, tudta Ádám megérteni – miután már megtapasztalta a könnyeket, szomorúságot, betegségeket, kínlódást, szerencsétlenséget és halált – a különbséget az öröm és a szomorúság között, és azt, milyen értékes szabadságot és gazdagságot adott neki Isten az Édenkertben.

Mi haszna lenne a számunkra az örök életnek, ha nem ismernénk az örömöt és bánatot? Abban az esetben, ha egy ideig nehézségeink vannak, ha később erre rájövünk és ezt mondjuk: „Ez az öröm!", az életünk annál értékesebb és áldott lesz. Létezik olyan szülő, aki azért ne küldené a gyerekét iskolába, mert a tanulás túl nehéz? Ha a szülők igazán szeretik a gyerekeiket, elküldik őket iskolába, és megengedik, hogy nehéz tantárgyakat tanuljanak szorgalmasan, és megtapasztaljanak különböző dolgokat, hogy egy jobb jövőt építhessenek maguknak. Isten szíve, amellyel megalkotta és műveli az emberiséget, állandó. Ezért, amikor a jó és a rossz tudásának a fáját az Édenkertbe helyezte Isten, Ádámot semmi nem akadályozta meg abban, hogy egyen a gyümölcsből a szabad akaratának megfelelően, és megengedte neki, hogy megtapasztalja az örömöt, dühöt, szomorúságot, valamint élvezetet az emberiség művelése során. Ez azért van, mert az ember szeretheti és imádhatja Istent, aki Maga az igazság és a szeretet, a teljes szívéből, de csak miután megtapasztalta a viszonylagosságot, és meglátta az igaz szeretetet és hálát.

Az emberi művelés során Isten igaz gyerekeket akart nyerni, akik megismerik az Ő szívét, és hasonlítanak Hozzá, és akik Vele élnek a mennyországban, megosztva az igaz és örök szeretetet Vele.

Az emberiség művelése Izraellel kezdődik

Amikor az első embert, Ádámot kiűzték az Édenkertből, miután az ellenszegült Isten szavának, nem adatott meg neki a jog, hogy megválassza azt a földet, ahová letelepedhetett volna, ehelyett Isten rámutatott Izraelre, mint arra a helyre, ahol laknia kellett. Ebben láthatjuk Isten akaratát és gondviselését is. Miután az emberiség művelésének terve elkészült, Isten kiválasztotta Izrael népét, mint az emberiség művelésének modelljét. Ezért Isten megengedte Ádámnak, hogy azon a földön éljen, ahol a zsidó nemzet megalakult később.

Sok idő elteltével számtalan nemzet származott Ádám utódaiból, és Jákob idejére – aki Ábrahám utóda volt – megszületett Izrael nemzete. Isten fel akarta tárni az Ő dicsőségét és gondviselését az emberiség művelésében Izrael történelme által. Nemcsak az izraelitákat, hanem a teljes emberiséget akarta művelni Ő. Ezért Izrael történelme, amelyet Maga Isten vezérelt, nemcsak egy nemzet történelme, hanem az egész emberiségé.

Miért éppen Izraelt választotta ki Isten az emberiség művelésének modelljeként? Ez a felsőbbrendű jellemük miatt volt, más szavakkal a nagyszerű belső lényük miatt.

Izrael a „hit ősatyjának", Ábrahámnak a leszármazottja, akit szeretett Isten, de Jákobnak is a leszármazottja, aki olyan kitartó volt, hogy Istennel versenyzett, és győzött. Ezért van az, hogy – miután elvesztette a szülőföldjét és a csavargók életét élte századokon át – a zsidó nép nem veszítette el az önazonosságát.

Izrael népe mindenekelőtt megőrizte Isten szavát évezredeken át, amelyet Isten emberei által prófétáltak, és ennek megfelelően élt. Természetesen voltak olyan időszakok is, amikor a teljes nemzet eltávolodott Isten szavától és vétkezett Ellene, azonban végül visszatértek Istenhez. Soha nem veszítették el a hitüket URUKBAN, Istenükben.

Izrael 20. századi visszaállítása független államként világosan mutatja a nép szívének, mint Jákob leszármazottjainak, milyenségét.

Ezékiel könyvének 38,8 verse ezt tartalmazza: *"Sok idő mulva kirendeltetel: esztendők végével bejösz a földre, mely a fegyvertől [már] megnyugodott, melynek lakói sok nép közül gyűjtettek egybe Izráel hegyeire, melyek szüntelen való pusztulásban voltak; és e nemzetség a népek közül hozatott ki, s aztán lakozék bátorságosan mindnyája."* Itt „az utóbbi évek" az idő végére vonatkozik, amikor az ember művelése befejeződik, és „Izrael hegyei" Jeruzsálem városát jelképezik, mely majdnem 760 méterre (2.494 lábra) fekszik a tengerszint fölött.

Ezért amikor Ezékiel próféta azt mondja, hogy „melynek lakói sok nép közül gyűjtettek egybe Izráel hegyeire", ez azt jelentette, hogy az izraeliták a világ minden tájáról visszajönnek ide, hogy Izrael államát újjáépítsék. Isten szavának megfelelően Izrael, amelyet i. sz. 70-ben a rómaiak tönkretettek, kinyilvánította a függetlenségét 1948. május 14-én. A föld semmi más nem volt, mint egy „folyamatos feldúlt terület", de mára már az izraeliek egy erős nemzetet építettek maguknak, melyet senki más nem tud könnyedén figyelmen kívül hagyni, vagy kihívni.

Miért választotta Isten az izraelitákat?

Miért kezdte az emberiség művelését Isten az izraelitákon? Miért választotta Isten ki az izraelitákat, és miért irányította Izrael történelmét?

Először is, Isten ki akarta nyilvánítani Izrael történelmén keresztül azt, hogy Ő a mennyország és a föld megteremtője, és Ő egyedül az igaz Isten, és hogy Ő él. Izrael történelmének tanulmányozása során még az idegenek is érzik Isten jelenlétét, és elképzelhetik az Ő gondviselését, amellyel irányítja az emberiség történelmét.

És bátorságban lakozik Izráel, egymaga lesz Jákób forrása a gabona és a bor földén, és az ő egei harmatot csepegnek (Mózes ötödik könyve 28,10).

Boldog vagy Izráel! Kicsoda olyan mint te? Nép, a kit az Úr véd, a te segítségednek pajzsa, és a ki a te dicsőségednek fegyvere! Hízelegnek majd néked a te ellenségeid, és te azoknak magaslatait taposod (Mózes ötödik könyve 33,29).

Isten választottja, Izrael nagy kiváltságot élvezett Isten részéről, és ezt könnyen láthatjuk Izrael történelmében.

Például, amikor Rahab fogadott két embert, akiket Józsué küldött azért, hogy Kánaán földjén kémkedjenek, ezt mondta nekik: „Mert hallottuk, hogy megszárította az Úr a Veres tenger vizét előttetek, a mikor kijöttetek Égyiptomból, és hogy mit cselekedtetek az Emoreusok két királyával, a kik túl voltak a Jordánon, Szíhonnal és Óggal, a kiket megöltetek. És a mint hallottuk, megolvadott a mi szívünk, és nem támadt többé bátorság senkiben sem miattatok. Bizony az Úr, a ti Istenetek az Isten fenn az égben és alant a földön!" (Józsué 2,9-11)

Az izraeliták rabsága alatt Babilonban Dániel Istennel járt és Nabukodonozorral, Babilónia királyával, aki megtapasztalta Istent, aki Dániellel járt. Miután a király megtapasztalta Istent, csak „Most [azért] én, Nabukodonozor, dicsérem, magasztalom és dicsőítem a mennyei királyt: mert minden cselekedete igazság, és az ő utai ítélet, és azokat, a kik kevélységben járnak, megalázhatja" (Dániel próféta könyve 4,34).

Ugyanez történt, miközben Izrael Perzsia uralkodása alatt létezett. Amikor meglátta az élő Istent munka közben, és azt, hogy Eszter király imájára válaszolt, „minden tartományban és minden városban, a hová a király szava és rendelete eljuta, öröme és vigalma lőn a zsidóknak, lakoma és ünnep, és sokan a föld népei közül zsidókká lettek; mert a zsidóktól való félelem szállta meg őket" (Eszter könyve 8:17).

Amikor még az idegenek is megtapasztalták az élő Istent, aki az izraelitáknak munkálkodott, elkezdtek félni Istentől, és imádni Őt.

Másodszor, Isten azért választotta Izraelt és a népét, és vezette azt a történelme folyamán, hogy a teljes emberiség rájöhessen Izrael történelmén keresztül, hogy miért alkotta meg az emberiséget, és miért műveli azt.

Isten azért műveli az embereket, mert igaz gyermekeket akar nyerni. Egy ilyen igaz gyerek Istenhez hasonlít, aki a jóság és a szeretet valójában, és aki igazságos és szent. Az ilyen gyermekek szeretik Őt, és az Ő akaratának megfelelően fognak élni.

Amikor Izrael Isten parancsolatainak megfelelően élt, és Őt szolgálta, az izraelitákat Isten a többi nemzet fölé helyezte. Amikor az izraeliek bálványokat imádtak, és könnyen elfeledték Isten parancsolatait, mindenféle kínzásnak voltak kitéve, és olyan szerencsétlenségeknek, mint a háború, természeti csapások, és rabság.

A folyamat minden lépése során az izraeliek megtanulták, hogyan legyenek alázatosak Isten előtt, és valahányszor megtették ezt, Isten, az Ő örök kegyelmével segített rajtuk, és a karjaiba fogadta őket.

Amikor Salamon király szerette Istent, és elfogadta az Ő parancsolatait, nagyszerű kegyelmet és gyönyörűséget élvezett, azonban amikor elkezdett eltávolodni Istentől, mert bálványokat imádott, a dicsőség és glória elmúlt. Amikor Izrael királyai, mint Dávid, Jehosafát és Ezékiás Isten törvényének megfelelően cselekedett, az ország erős volt és virágzott, azonban amikor olyan királyai voltak, akik Isten útjait elhagyták, az ország gyenge volt, és idegenek támadtak rá.

Izrael történelme világosan feltárja Isten akaratát, és tükörként szolgál, amely megmutatja Isten akaratát, a világ minden nemzetének és népének. Az Ő akarata kijelenti, hogy amikor a népek, amelyek az Ő képére voltak megalkotva, megtartják az Ő parancsolatait, és a Szavának megfelelően szentté válnak, megkapják Isten áldásait, és az Ő kedvére élnek.

Izraelt kiválasztották az összes nép és nemzet közül, hogy megmutassa az Ő gondviselését, és hatalmas áldást élvezett azzal, hogy Őt szolgálta, mint az a nemzet, amely tartalmazza azokat a papokat, akik Isten szaváért felelnek. Amikor a nép bűnözött, Isten megbocsátotta nekik egészen addig, amíg megbánták a bűneiket alázatos szívvel, ahogyan Ő megígérte a hit ősatyáinak annakidején.

Mindenekfölött a legnagyobb áldás, amit Isten megígért és elkülönített az Ő kiválasztottjainak az a nagyszerű ígéret volt, amely szerint a Messiás majd eljön közéjük.

Nagyszerű ősatyák

Az emberiség hosszú történelmén keresztül Isten a szárnyai alá vette Izraelt, és küldött számukra embereket, az Ő embereit, az Általa kiválasztott időben, akik bebiztosították, hogy Izrael ne tűnjön el. Isten emberei voltak azok, akik a megfelelő gyümölcsként előálltak, Isten gondviselésének megfelelően, és Isten szavában laktak, miközben Őt szerették. Izrael nagyszerű ősatyáinak a segítségével Isten lerakta az alapjait az izraeli nemzetnek.

Ábrahám, a hit ősatyja

Ábrahámot a hite és engedelmessége miatt megjelölték, mint a hit ősatyját, és egy nagy nemzetet kellett kialakítania. Körülbelül négyezer évvel ezelőtt született a kalderai Úrban, és miután Isten elhívta őt, olyannyira elnyerte Isten szeretetét és elismerését, hogy Isten „barátjának" nevezték őt.

Isten magához hívta Ábrahámot, és a következő ígéretet tette neki:

„És monda az Úr Ábrámnak: Eredj ki a te földedből, és a te rokonságod közül, és a te atyádnak

házából, a földre, a melyet én mutatok néked. És nagy nemzetté tészlek, és megáldalak téged, és felmagasztalom a te nevedet, és áldás leszesz" (Mózes első könyve 12,1-2).

Ekkor Ábrahám már nem volt fiatal, nem volt örököse, és nem tudta, merre tart, ezért számára az engedelmesség nem a legkönnyebb dolog volt. Annak ellenére, hogy nem tudta, merre tart az élete, Ábrahám előretört, mert teljesen és szentül bízott Isten szavában, aki soha nem szegi meg a nekünk tett ígéreteit. Így Ábrahám mindenben hitet mutatott, és az élete során az összes áldást megkapta, amit Isten megígért neki.

Ábrahám Istennek csak tökéletes engedelmességet és hitbeli cselekedeteket mutatott, és jóságot és békét a körülötte lévő embereknek. Például, amikor Ábrahám elhagyta Haránt Isten parancsának megfelelően, az unokaöccse, Lót vele ment. Amikor sok vagyonuk keletkezett, Ábrahám és Lót már nem maradhatott ugyanazon a földön. A legelő és vízhiány következtében „versengés is támada az Ábrám barompásztorai között, és a Lót barompásztorai között; és a Kananeusok és a Perizeusok is ott laknak vala akkor azon a földön" (Mózes első könyve 13,7). Bár Ábrahám sokkal idősebb volt, nem kereste kitartóan a saját érdekét. Ráhagyta Lótra, hogy a jobbik földet kiválassza. Ezt mondta Lótnak a Mózes első könyve 13,9 részében: *„Avagy nincsen-é előtted mind az egész föld? Válj el kérlek, tőlem; ha te balra tartasz, én jobbra megyek; ha*

te jobbra menéndesz, én balra térek."
És mivel Ábrahám tisztaszívű volt, egy cérnát vagy szandálszíjat, vagy bármi mást el nem vett volna, ami a másé volt" (Mózes első könyve 14,23). Amikor Isten azt mondta neki, hogy a bűntől átitatott Szodoma és Gomora városa elpusztul, Ábrahám, aki a spirituális szeretet embere volt, könyörgött Istennek, és Ő a szavát adta, hogy nem fogja tönkretenni Szodomát, amennyiben lesz tíz igaz hitű ember a városban.

Ábrahám jósága és hite olyan tökéletes volt, hogy akkor is követte Isten parancsát, amikor azt parancsolta, hogy az egyetlen fiát feláldozza Neki égő áldozatként.

Mózes első könyvének 22,2 versében Isten ezt parancsolja Ábrahámnak: *"És monda: Vedd a te fiadat, ama te egyetlenegyedet, a kit szeretsz, Izsákot, és menj el Mórijának földére, és áldozd meg ott égő áldozatul a hegyek közül egyen, a melyet mondándok néked."*
Izsák akkor született Ábrahámnak, amikor százéves volt. Mielőtt Izsák megszületett, Isten már feltárta Ábrahámnak azt, hogy a fiának a leszármazottai oly sokan lesznek, mint égen a csillagok. Ha Ábrahám a húsbéli gondolatokat követte volna, nem lett volna képes Isten parancsolatát betartani, és felajánlani Izsákot. Azonban Ábrahám azonnal engedelmeskedett, anélkül, hogy megérdeklődte volna az okokat.

Abban a pillanatban, amikor Ábrahám kitárta a kezét, hogy megölje Izsákot, miután megépítette az oltárt, Isten angyala megszólította: *"Ne nyujtsd ki a te kezedet a gyermekre, és ne bántsd őt: mert most már tudom, hogy istenfélő vagy, és nem kedvezél a te fiadnak, a te egyetlenegyednek én érettem"* (Mózes első könyve 22,11-12). Milyen áldott és megható ez a jelenet!

Mivel soha nem támaszkodott az érzéki gondolataira, Ábrahám szívében nem volt konfliktus és aggodalom sem, és hittel tudta teljesíteni Isten parancsolatait. A teljes bizalmát a hűséges Istenbe helyezte, aki mindig teljesíti, amit megígér, a mindenható Istenbe, aki feléleszti a holtakat, és a szeretet Istenébe, aki a gyermekeinek csak jó dolgokat kíván adni. Mivel Ábrahám szívében csak engedelmesség volt, és a hit tetteit cselekedte, Isten elfogadta őt a hit ősatyjaként.

És monda: Én magamra esküszöm azt mondja az Úr: mivelhogy e dolgot cselekedéd, és nem kedvezél a te fiadnak, a te egyetlenegyednek: Hogy megáldván megáldalak tégedet, és bőségesen megsokasítom a te magodat mint az ég csillagait, és mint a fövényt, mely a tenger partján van, és a te magod örökség szerint fogja bírni az ő ellenségeinek kapuját. És megáldatnak a te magodban a földnek minden nemzetségei, mivelhogy engedtél az én beszédemnek (Mózes első könyve 22,16-18).

Mivel Ábrahámnak kellőképpen erős volt a hite, és a jósága is megfelelő volt, tetszett Istennek, úgy hívták, hogy „Isten barátja", és a hit atyjának gondolták őt. Az összes nemzet atyjává és az összes áldás forrásává vált, ahogy Isten megígérte neki, amikor ezt mondta: *„És megáldom azokat, a kik téged áldanak, és a ki* *téged átkoz, megátkozom azt: és megáldatnak te benned a föld minden nemzetségei"* (Mózes első könyve 12,3).

Isten gondviselése Jákob által, aki Izrael atyja, és József által, aki az Álmodozó

Izsák Ábrahám fia volt, aki a hit ősatyja volt, míg Izsáknak két fia volt, Ézsau és Jákob. Isten kiválasztotta Jákobot, akinek a szíve jobb volt, mint a fivére szíve, még akkor, amikor az anyja méhében volt. Jákob neve később „Izrael" lett, és Izrael nemzete tőle származott, és ő lett a Tizenkét Törzs atyja is.

Jákob komolyan kívánta Isten áldását és a szellemi dolgokat, és ezért megvásárolta a bátyja, Ézsau elsőszülött jogát a lencse pörkölthöz, és elorozta Ézsau áldásait úgy, hogy becsapta az apjukat, Izsákot. Jákobnak voltak negatív tulajdonságai, de Isten tudta, hogy ha megváltozik, nagyszerű edény lesz belőle. Ezért Isten megengedte, hogy Jákob húsz évig megpróbáltatásokon menjen át, hogy a személyisége megtörjön, és alázatossá váljon.

Amikor ravasz módon elorozta a testvére, Ézsau elsőszülött jogát, Ézsau megpróbálta megölni őt, és Jákobnak el kellett menekülnie. Végül Jákob a nagybátyjánál, Lábánnál lakott, és juhokra, valamint kecskékre vigyázott. Mózes első könyvének 31,40 versében ezt vallja: *„Úgy voltam hogy nappal a hőség emésztett, éjjel pedig a hideg; és az álom távol maradt szemeimtől."*

Isten mindenkinek a szerint fizet, hogy mit vetett el. Látta, hogy Jákob hűséges volt, ezért nagy vagyonnal áldotta őt meg.

Amikor Isten azt mondta neki, hogy menjen vissza a szülőföldjére, Jákob elhagyta Lábánt, és elindult hazafele a családjával és a vagyontárgyaival. Amint elérték a Jabbok folyót, Jákob meghallotta, hogy a testvére, Ézsau a folyó túloldalán volt 400 emberrel. Jákob nem tudott visszatérni Lábánhoz, mert kötötte a nagybátyjának tett ígérete. Előre sem mehetett szembe Ézsauval, mert az égett a bosszúvágytól. Kínos helyzetben volt, Jákob nem bízott a bölcsességében tovább, hanem imádsággal mindent Istenre bízott. Mivel a saját gondolatainak még a keretétől is megszabadult, Jákob komolyan esedezett Istenhez az imájában, egészen addig, hogy a combját is kificamította.

Jákobot Isten segítette a harcában, és így megmenekült, és Isten megáldotta őt, mondván: „*Amaz pedig monda: Nem Jákóbnak mondatik ezután a te neved, hanem Izráelnek; mert küzdöttél Istennel és emberekkel, és győztél*" (Mózes első könyve 32,28). Jákob ki tudott békülni a fivérével, Ézsauval is.

Isten azért választotta Jákobot, mivel nagyon egyenes és kitartó volt a megpróbáltatások közepette is, és ezért képes volt arra, hogy olyan jelentős edénnyé váljon, amely Izrael történelmében nagy szerepet játszhat.

Jákobnak tizenkét fia volt, akik lefektették Izrael nemzetének az alapjait. Azonban – mivel még mindig csak egy törzs létezett – Isten azt tervezte, hogy Egyiptom határai közé helyezi őket, amely hatalmas ország volt, egészen addig, amíg Jákob leszármazottai nagy nemzetté válhattak.

Ez a terv Isten szeretetéből fakadt, amely minden más

nemzettől megvédte őket. Akit ezzel a hatalmas feladattal megbíztak, az József volt, Jákob tizenegyedik fia.

A tizenkét fia között Jákob annyira pártolta Józsefet, hogy a sokszínű tunikába öltöztette, és így tovább. József a fivérei utálatának és féltékenységének a tárgyává vált, és a testvérei rabszolgaként eladták Egyiptomba tizenhét éves korában. Azonban ő soha nem panaszkodott, és nem vetette meg a testvéreit.

Józsefet Potifár házába adták el, aki a Fáraó tisztje volt, a testőrség kapitánya. Ott ő szorgalmasan dolgozott, és elnyerte Potifár kegyeit és bizalmát. Ezért József Potifár házának a védője lett, és mindent rábíztak a háztartásban.

Azonban volt egy probléma. József jóképű volt, és a házigazda felesége el akarta csábítani őt. József egyenes volt, és őszintén félt Istentől, és így amikor a nő megpróbálta elcsábítani őt, bátran ezt mondta neki: *"Senki sincs nálamnál nagyobb az ő házában; és tőlem semmit sem tiltott meg, hanem csak téged, mivelhogy te felesége vagy; hogy követhetném hát el ezt a nagy gonoszságot és [hogyan] vétkezném az Isten ellen?"* (Mózes első könyve 39,9)

Miután a nő igaztalanul megvádolta őt, Józsefet a király börtönébe dobták. Isten még a börtönben is Józseffel volt, és Isten segítségével József hamarosan „mindenért" felelt, ami a börtönben történt.

József fokozatosan olyan bölcsességre tett szert, amellyel egy nemzetet később vezetni tudott, gyakorolhatta a politikai nézeteit, és nagyszerű edénnyé válhatott, aki számos embert képes volt a szívébe zárni.

Miután a Fáraó álmát megfejtette, és megoldásokat javasolt a nehéz problémákra, József Egyiptom vezetője lett a Fáraó után. Isten gondviseléséből és József megpróbáltatásai által Józsefből Isten alkirályt alakított harmincéves korára, az akkori világ egyik leghatalmasabb nemzetében.

Ahogy József előre megjósolta a Fáraó álmait, egy hétéves éhínség sújtotta a Közel-Keletet, beleértve Egyiptomot, és mivel előre készült ezekre, József meg tudta menteni az összes egyiptomit. József testvérei Egyiptomba jöttek, hogy eledelt keressenek, újra egyesültek a testvérükkel, és a család többi tagja is nemsokára Egyiptomba jött, ahol gazdagságban éltek, és előkészítették Izrael nemzetének a megszületését.

Mózes: egy nagy vezető, aki az Exodusból valóságot teremtett

Miután Egyiptomban letelepedtek, Izrael leszármazottjainak a száma hamar megnőtt, és a gazdagságuk is növekedett, olyannyira, hogy hamarosan egy külön nemzetet tudtak alkotni.

Amikor egy új király került hatalomra, aki nem ismerte Józsefet, elkezdett védekezni Izrael leszármazottainak gazdagsága ellen. A király és az udvari hivatalnokok hamarosan megkeserítették az izraeliták életét a nehéz munkával, mely falrakásból és mezei munkából állt (Exodus 1,13-14).

Azonban „*minél jobban súlytották az izraelitákat, annál jobban sokasodtak és terjeszkedtek*" (Exodus 1,12). A Fáraó nem sokkal ez után megparancsolta, hogy az izraeliták összes újszülött fiúgyermekét öljék meg. Amikor hallotta az izraeliták kiáltásait, mert megkötötték őket, Istennek eszébe jutott a szerződése Ábrahámmal, Izsákkal és Jákobbal.

És adom tenéked és a te magodnak te utánnad a te bujdosásod földét, Kanaánnak egész földét, örök birtokul; és Istenök lészek nékik (Mózes első könyve 17,8).

És a földet, melyet adtam Ábrahámnak és Izsáknak, néked adom azt, utánad pedig a te magodnak adom a földet (Mózes első könyve 35,12).

Annak érdekében, hogy Izrael fiait kivezesse a kínok közül, és elvezesse a Kánaán földjére, Isten előkészített egy olyan embert, aki feltétel nélkül engedelmeskedik majd neki, és az Ő szívével vezeti az Ő népét.

Ez az ember Mózes volt. A szülei három hónapig eldugták őt, miután megszületett, azonban amikor már nem tudták rejtegetni, egy fonott kosárba tették, amit elrejtettek a nád közé a Nílus partján. Amikor a Fáraó lánya felfedezte a csecsemőt a kosárban, és úgy döntött, hogy sajátjaként megtartja őt, a csecsemő nővére, aki nem messze azt figyelte, hogy mi fog vele történni, a kicsi biológiai anyját ajánlotta dajkának.

Így történt, hogy Mózest a királyi palotában nevelte fel a saját édesanyja, és úgy nőtt fel, hogy természetes módon szerzett

tudomást Istenről és az Ő választott népéről, az izraelitákról.
Aztán egy napon meglátta, amint egy zsidó társát egy egyiptomi megveri, gyötrelmek között ugyan, de megölte az egyiptomit. Amikor ez kitudódott, Mózes elszökött a Fáraó környezetéből, és Midián földjén telepedett le. 40 évig juhokat terelt, és mindezt Isten gondviseléséből, aki azt akarta, hogy Mózes tanuljon, hogy az Exodus vezetője lehessen később.

Egy Általa által kiválasztott időpontban Isten magához hívta Mózest, és megparancsolta neki, hogy vezesse ki az izraelitákat Egyiptomból, és vigye őket a Kánaán földjére, ahol méz és tej folyik. Mivel a Fáraónak kemény szíve volt, nem hallgatta meg Isten parancsát, amelyet Mózesen keresztül adott a tudtára. Ennek eredményeképpen Isten pestist küldött Egyiptomra, és erőszakkal kivezette az izraelitákat Egyiptom földjéről.

Csak miután elvesztette az elsőszülött fiát, térdelt le a Fáraó és népe Isten elé, és csak ekkor szabadulhatott Izrael népe a kötelékéből. Isten Maga vezette az izraelitákat minden lépésüknél, akkor is, amikor a Vörös tengert kettéválasztotta, hogy szárazföldön mehessenek át rajta. Amikor nem volt ivóvizük, Isten megadta, hogy egy sziklából víz forrt, és amikor nem volt ennivalójuk, Isten mannát és fürjeket küldött nekik. Isten ezeket a csodákat Mózesen keresztül valósította meg, hogy az izraeliták milliói túlélhessék a negyven éven át tartó bujdosást a vadonban.

A hűséges Isten Józsua segítségével, aki Mózes követője volt, elvezette az izraelitákat Kánaán földjére. Isten segített Józsuának és népének, hogy átkeljenek a Jordán folyón, és megengedte nekik, hogy meghódítsák Jerikó városát. A saját kifürkészhetetlen útjain azt is megengedte nekik Isten, hogy meghódítsák és elfoglalják Kánaán földjének nagy részét, mely tejjel és vajjal folyik.

Természetesen Kánaán elfoglalása nemcsak Isten áldása volt az izraeliták számára, hanem az Ő igazságos ítéletének az eredménye is, mely a kánaiak ellen szólt, akik bűnösek és korruptak voltak a gonoszságukban. Kánaán földjének lakói nagyon korruptak voltak, és ítéletet kellett hozni róluk, és az Ő igazságosságában végül Isten megengedte, hogy az izraeliták bevegyék a földet.

Amint Isten mondta Ábrahámnak: *„Csak a negyedik nemzedék tér meg ide; mert az Emoreusok gonoszsága még nem tölt be"* (Mózes első könyve 15,16), Ábrahám utódai, Jákob és az ő fiai elhagyták Kánaánt és Egyiptomba mentek, ahol letelepedtek, és az ő leszármazottaik visszatértek Kánaán földjére.

Dávid megalapítja az erős Izraelt

Kánaán földjének meghódítása után az Bírák ideje alatt Isten a bírákon és prófétákon keresztül vezette Izraelt, és aztán Izraelből királyság lett. Dávid király uralkodása alatt, aki Istent mindenekfölött szerette, megteremtődtek a nemzet alapjai.

Fiatalkorában Dávid megölt egy nagy filiszteus harcost egy

parittyával, és ennek elismeréseként Dávidot a harcosok fölé helyezték Saul király hadseregében. Amikor Dávid hazatért, miután legyőzte a filiszteusokat, sok nő énekelt neki, és ezt mondták: „Saul agyonvert több százat, és Dávid agyonvert több ezret." Az összes izraelita kezdte megszeretni Dávidot. Saul király összeesküvéseket szőtt, hogy megölje Dávidot, mivel féltékeny volt rá.

Saul elkeseredett igyekezete alatt Dávidnak két lehetősége is volt, hogy megölje a királyt, azonban nem tette meg ezt, hiszen Isten Maga szentelte fel őt királlyá. Csak jót tett a királlyal. Egy alkalommal Dávid földre borult, arccal a föld felé, és ezt mondta Saul királynak: „*Ímé a mai napon látták a te szemeid, hogy az Úr téged kezembe adott ma a barlangban, és azt mondották, hogy öljelek meg téged, de én kedvezék néked, és azt mondám: Nem emelem fel kezemet az én uram ellen, mert az Úrnak felkentje ő*" (Sámuel első könyve 24,11).

Dávid, aki Isten szívéhez hasonlított, mindenben a jót kereste, az után is, hogy király lett belőle. Az uralkodása alatt igazságosan cselekedett, és megerősítette a királyságot. Mivel Isten mindig a királlyal járt, Dávid győzedelmeskedett a szomszédos pilisztusokkal, moabitákkal, amalekitákkal, ammonitákkal és edomitákkal vívott harcokban. Kiterjesztette Izrael területét, és a háborúk zsákmányai, valamint a hadisarcok csak emelték Dávid királysága kincstárának az értékét. Nagy gazdagságnak örvendett az ország az uralkodása alatt.

Dávid Jeruzsálembe költöztette a frigyládát (az Istennel kötött szövetség ládáját), felállította az áldozathozatal folyamatát, és megerősítette a hitet az Úrban, Istenben. A király Jeruzsálemet is megalapította, mint a királyság politikai és vallási központját, és előkészítette Isten Szent Templomának a felépítését a fia, Salamon király uralkodása alatt.

A teljes történelmét tekintve Izrael a legerősebb és legcsodálatosabb Dávid király uralkodása alatt volt, akit az emberek csodáltak, ő meg Istent dicsőítette. Mindenekfölött, mennyire nagyszerű ősatya lehetett Dávid, hogy a Messiás az ő leszármazottaiból kerülhetett ki?

Illés visszavezeti az izraeliták szívét Istenhez

Dávid király fia, Salamon öregségében bálványokat imádott, és a halála után a királyságot két részre osztották. Izrael tizenkét törzse közül tíz Izrael északi királyságát alkotta, míg a többi törzs Júda deli királyságát.

Izrael királyságában Ámos és Hózseás próféták feltárták Isten akaratát a népnek, míg Ézsaiás és Jeremiás próféták megvalósították a szolgálatukat Júda királyságában. Amikor eljött az idő, amelyet Ő jelölt ki, Isten elküldte a prófétáit, és általuk megvalósította az Ő akaratát. Egyikük Éliás próféta volt. Éliás a szolgálatát Aháb király ideje alatt valósította meg, az északi királyságban.

Éliás idejében Jezabel, az idegen királynő Izraelbe hozta Baált, és a bálványimádat nagyon elburjánzott szerte a királyságban.

Éliás próféta első küldetése az volt, hogy Aháb királynak el kellett mondania, hogy Izraelben nem lesz eső három és fél évig, mert ez a bálványimádás büntetése Isten részéről.

Amikor a prófétának elmondták, hogy a király és a királynő megpróbálták megölni őt, Éliás Zarefátba menekült, amely Sidonban volt. Egy özvegyasszony adott neki egy darabka kenyeret, és ezért cserébe Éliás áldásokat mutatott neki: a lisztes tálja soha nem fogyott ki, és az olajos bögréje sem ürült ki egészen az éhínség végéig. Később Éliás feltámasztotta az özvegyasszony halott fiát is.

A Karmel hegy tetején Éliás 450 baáli próféta ellen harcolt, valamint 400 Aserából való másikkal is, és lehozta Isten tüzét a mennyekből. Annak érdekében, hogy az izraeliták szívét elfordítsa a bálványoktól, és visszavezesse őket Istenhez, Éliás megjavította Isten oltárát, vizet töltött az áldozatokra, és komolyan imádkozott Istenhez.

„És a mikor eljött az esteli áldozás ideje, oda lépett Illés próféta, és monda: Óh Uram, Ábrahámnak, Izsáknak és Izráelnek Istene, hadd ismerjék meg e mai napon, hogy te vagy az Isten az Izráelben, és hogy én a te szolgád vagyok, és hogy mindezeket a te parancsolatodból cselekedtem. Hallgass meg engem, Uram, hallgass meg engem, hogy tudja meg e nép, hogy te, az Úr vagy az Isten, és te fordítod vissza az ő szívöket! Akkor alászálla az Úr tüze, és megemészté az égőáldozatot, a fát, a köveket és a port, és felnyalta a

vizet, a mely az árokban volt. Mikor ezt látta az egész sokaság, arczra borult, és monda: Az Úr az Isten! az Úr az Isten! És monda Illés nékik: Fogjátok meg a Baál prófétáit; senki el ne szaladjon közülök! És megfogák őket, és alávivé őket Illés a Kison patakja mellé, és megölé ott őket" (A királyok első könyve 18,36-40).

Ráadásul esőt fakasztott a mennyekből a három és féléves szárazság után, átment a Jordán folyón, mintha szárazföldön járna, és megjósolta az elkövetkező dolgokat. Azzal, hogy kinyilvánította Isten csodálatos hatalmát, Éliás világos tanúságot tett az élő Istenről.

A királyok második könyve 2,11 így szól: *„És lőn, a mikor menének és menvén beszélgetének, ímé egy tüzes szekér tüzes lovakkal elválasztá őket egymástól. És felméne Illés a szélvészben az égbe."* Mivel Éliás a legmesszebbmenőkig Isten kedvében járt a hitével, és ezért kiérdemelte az Ő szeretetét és elismerését, a Próféta úgy emelkedett a Mennyországba, hogy nem halt meg.

Dániel feltárja Isten dicsőségét a nemzeteknek

Kétszázötven évvel később, körülbelül Krisztus előtt 605-ben, Jehojakim király uralkodásának harmadik évében Jeruzsálem elesett, mivel a babiloni Nebukadnezár király bevette, és ennek eredményeképpen Júda királyságában a királyi család számos tagja rabságba esett.

Nebukadnezár békülékeny politikát folytatott, és ennek keretében megparancsolta Aszfenáznak, a hivatalnokai vezetőjének, hogy hozza az udvarba Izrael azon fiait, beleértve a királyi család tagjait és a nemeseket, valamint a fiatalokat is, akik jó kinézetelűek voltak, hiba nélkül, minden tudományban bölcsességet mutattak, tele voltak megértéssel és megkülönböztető tudással, és képesek voltak a királyi udvarban szolgálni. A király megparancsolta neki, hogy tanítsa meg nekik a kaldeusok irodalmát és nyelvét – és ezek között volt Dániel is (Dániel próféta könyve 1,3-4).

Azonban Dániel elhatározta, hogy nem piszkolja be magát a király által választott étellel vagy borral, és engedélyt kért a parancsnoktól, hogy ne kelljen bepiszkolnia magát (Dániel próféta könyve 1,8).

Bár hadirab volt, Dániel Isten minden áldását megkapta, mivel istenfélő volt, élete minden területén. Isten tudást és intelligenciát adott Dánielnek és a barátainak az irodalom és más tudomány terén. Dániel még a víziókat és álmokat is értette (Dániel 1,17).

Ezért ő folyamatosan elismerést és szívességet kapott a királyoktól, bár a királyságok változtak. Felismerve Dániel rendkívüli szellemét, Perzsia királya, Dáriusz ki akarta nevezni a királyság vezetőjének. Ekkor egy csoport udvari hivatalnok féltékeny lett Dánielre, és elkezdtek koholt vádakat kitalálni ellene a kormányzati ügyekkel kapcsolatban. Azonban semmilyen alapot nem találtak a vádakhoz, valamint bizonyítékot sem arra, hogy Dániel korrupt lett volna.

Amikor megtudták, hogy Dániel naponta háromszor imádkozott Istenhez, a parancsnokok és alkirályok a király elé járultak, és arra biztatták őt, hogy hozzon szabályt azzal kapcsolatban, ha valaki esedezni akar bármilyen Istenhez, ahelyett, hogy a királyhoz fordulna, egy hónapra dobják az oroszlánok barlangjába. Dániel nem inogott meg: még a hírneve, magas beosztása, és az élete elvesztése árán is folytatta az imáit, Izrael felé fordulva, ahogy korábban is tette.

A király parancsából Dánielt az oroszlánok barlangjába dobták, azonban Isten elküldte az angyalát hozzá, aki becsukta a fenevadak száját, és így ő bántatlanul megmenekült. Amint Dáriusz király ezt megtudta, levelet írt a föld minden nemzetének, minden nyelven, hogy énekeljenek, és dicsőítsék Istent:

> *Én tőlem adatott ez a végzés, hogy az én birodalmamnak minden országában féljék és rettegjék a Dániel Istenét; mert ő az élő Isten, és örökké megmarad, és az ő országa meg nem romol, és uralkodása mind végig [megtart;] A ki megment és megszabadít, jeleket és csodákat cselekszik mennyen és földön; a ki megszabadította Dánielt az oroszlánok hatalmából* (Dániel próféta könyve 6,26-27).

Az előbb említett hit-ősatyákon kívül, akik nagy hírnévnek örvendtek, nagyon sok más is létezett, annyi, hogy a nevük és tetteik felsorolásához nem volna elég tinta és papír, például

Gideon, Barak, Sámson, Isaiah, Jeremiás, Ezékiel, Dániel három barátja, Eszter, és valamennyi próféta, akiket a Bibliában bevezetnek.

Nagy ősatyák, a világ minden nemzete számára

Izrael állam legkorábbi napjaitól Isten személyesen követte és vezette az állam történelmét. Valahányszor Izrael krízisben volt, Isten megmentette őket az Általa előkészített próféták által, és így irányította az ország történelmét.

Ezért Izrael történelme, számos más országéval ellentétben, Isten gondviseléséből alakult Ábrahám napjai óta, és az idő végéig az Ő terveinek megfelelően fog majd alakulni.

Az, hogy Isten kiválasztotta a hit ősatyjait az izraeliták közül az Ő gondviselése és terve érdekében, nemcsak az Ő kiválasztottjait szolgálta, hanem minden nép érdekét, akárhol éljen, akinek van hite Benne.

Holott Ábrahám nagy és hatalmas néppé lesz; és benne megáldatnak a földnek minden nemzetségei (Mózes első könyve 18,18).

Isten azt szeretné, ha „a föld minden nemzete" Ábrahám gyermeke lenne a hit által, hogy megkaphassa Ábrahám áldásait. Az áldásokat nem csak a kiválasztott népe, az izraeliták számára tartja fenn. Isten megígérte Ábrahámnak Mózes első könyvének 12,3 versében, hogy az összes nemzet apjává válik, és a 12,3 versben pedig azt, hogy a föld összes családja áldott lesz Benne, és a 22,17-18 versekben pedig azt, hogy a világ összes nemzete áldott lesz a magjában.

Továbbá, Izrael történelmén keresztül Isten megnyitotta azt az ösvényt, amely által minden nemzet megtudhatja, hogy csak az ÚR Isten az igazi Isten, szolgálhatja őt, és az Ő igaz gyermekévé válhat, aki szereti Őt.

Megkeresni hagytam magamat azoktól, a kik nem is kérdeztenek; megtaláltattam magamat azokkal, a kik nem is kerestenek. Ezt mondám: Ímhol vagyok, ímhol vagyok, a népnek, a mely nem nevemről neveztetett (Ézsaiás könyve 65,1).

Isten nagyszerű hitbeli ősatyákat alakított, és személyesen irányította Izrael történelmét annak érdekében, hogy mind az idegeneknek, mind az Ő kiválasztott népének megengedje, hogy Hozzá forduljanak. Egy másik csodálatos terv keretében Isten az idegen nemzetekre is kiterjeszti az Ő gondviselését. Ezért, amikor eljött az idő, Isten elküldte az Ő Fiát Izrael földjére, nemcsak mint Izrael Messiása, hanem a teljes emberiség Messiása.

Emberek, akik Jézus Krisztusról tanúskodnak

Az emberiség művelésének történelmén át, Izrael mindig is Isten gondviselése kiteljesedésének a középpontjában állt. Isten feltárta saját Magát a hit ősatyáinak, megígérte nekik az eljövendő dolgokat, és ahogy megígérte, úgy teljesítette azokat. Azt is elmondta az izraelitáknak, hogy a Messiás Júdea törzséből fog érkezni, Dávid házából, és a világ összes nemzetét meg fogja menteni. Ezért Izrael várt a Messiásra, akinek az eljövetelét megjósolták az Ótestamentumban. A Messiás Jézus Krisztus. Természetesen azok az emberek, akik hisznek a judaizmusban, nem ismerik fel Jézust, mint Isten fiát és Messiást, hanem még mindig várnak az Ő megérkezésére. Azonban az a Messiás, amelyre Izrael vár és az a Messiás, akiről e fejezet további része beszél, egy és ugyanaz.

Mit mondanak az emberek Jézus Krisztusról? Ha megvizsgálod a próféciákat a Messiásról, és ezek beteljesülését, és a Messiás minősítését, láthatod, hogy az a Messiás, amelyre Izrael oly régóta vár: ugyanaz, mint Jézus Krisztus.

… Pál, Jézus Krisztus üldözője az Ő apostolává válik

Pál Tarszuszban, Ciliciában született, a mai Törökországban, körülbelül kétezer évvel ezelőtt, és a születési neve Saul volt. Sault a születése utáni nyolcadik napon körülmetélték, mint Izrael nemzet egyik tagját, Benjámin törzséből, és a héberek egyikét. Sault a Törvényben levő igazság szerint folttalannak találták. Gamaliel, a Törvény egyik tanára tanította őt, akit minden ember tisztelt. Szigorúan élt, az apák törvényének megfelelően, és rendelkezett a Római Birodalom állampolgárságával, amely abban az időben a legerősebb ország volt a világon. Egyszóval Saulnak mindene megvolt, ami érzéki, fizikai értelemben fontos volt: család, származás, tudás, vagyon és tekintély.

Mivel Istent mindennél jobban szerette, Saul lelkesen üldözte Jézus Krisztus követőit. Amikor hallotta, hogy a keresztények azt mondják, hogy a keresztre feszített Jézus Isten Fia és a Megmentő volt, és hogy Jézus feltámadt a harmadik napon, miután eltemették, Saul ezt úgy értelmezte, mintha Istent Magát káromolták volna.

Saul azt is gondolta, hogy Jézus Krisztus követői veszélyt jelentettek a farizeusok judaizmusára, amelyet ő oly lelkesen követett. Ezért Saul rettenthetetlenül üldözte és tönkretette a templomot, és élenjárt, amikor Jézus Krisztus követőit el kellett fogni.

Számtalan keresztényt börtönbe vetett, és ellenük szavazott, amikor megölték őket. Az összes hívőt megbüntette a zsinagógákban, és megpróbálta rávenni őket, hogy Jézus Krisztust

gyalázzák ott, és még az idegen városokig is követte őket.
Aztán Saul egy nagyon érdekes tapasztalatot szerzett, amely
által az élete teljesen megfordult. A damaszkuszi úton hirtelen
egy fény jelent meg körülötte, amely a mennyekből jött.

„*Saul, Saul, miért üldözöl engem?*"
„*Ki vagy te, Uram?*"
„*Én vagyok Jézus, akit üldözöl.*"

Saul felállt a földről, de semmit nem látott, ezért az emberek Damszkauszba vitték. Három napig volt ott, és nem látott semmit. Nem evett, és nem ivott. Ez után a történet után az Úr megjelent az egyik tanítványnak, akit Ananiásznak hívtak.

Kelj fel és menj el az úgynevezett Egyenes utczába, és keress föl a Júdás házában egy Saulus nevű tárzusi embert, mert ímé imádkozik. És látá [Saulus] látásban, hogy egy Ananiás nevű férfiú beméne hozzá és kezét reá veté, hogy lásson. Monda pedig néki az Úr: Eredj el, mert ő nékem választott edényem, hogy hordozza az én nevemet a pogányok és királyok, és Izráel fiai előtt. Mert én megmutatom néki, mennyit kell néki az én nevemért szenvedni (Az apostolok cselekedetei 9,11-12; 15-16).

Amikor Ananiász kitartotta a kezét és Saulért imádkozott, a szemeiről mintha súlyok estek volna le, és újra látott. Miután találkozott az Úrral, Saul újra és újra rájött a bűneire, és „Pálnak" nevezte magát, ami „kis embert" jelent. Ettől a perctől kezdve Pál az élő Istenről prédikált az idegeneknek, és Jézus Krisztus evangéliumáról.

Tudtotokra adom pedig atyámfiai, hogy az az evangyéliom, melyet én hirdettem, nem ember szerint való; Mert én sem embertől vettem azt, sem nem tanítottak arra, hanem a Jézus Krisztus kijelentése által. Mert hallottátok, mint forgolódtam én egykor a zsidóságban, hogy én felette igen háborgattam az Isten anyaszentegyházát, és pusztítottam azt. És felülmultam a zsidóságban nemzetembeli sok kortársamat, szerfelett rajongván atyai hagyományaimért. De mikor az Istennek tetszett, ki elválasztott engem az én anyám méhétől fogva és elhívott az ő kegyelme által, Hogy kijelentse az ő Fiát én bennem, hogy hirdessem őt a pogányok között: azonnal nem tanácskoztam testtel és vérrel, Sem nem mentem Jeruzsálembe az előttem való apostolokhoz, hanem elmentem Arábiába, és ismét visszatértem Damaskusba (Pál levele a galatákhoz 1,11-17).

Miután találkozott az Úr Jézus Krisztussal és az evangéliumi jó hírt prédikálta, még ez után is Pálnak nagyon sok szenvedésen kellett átmennie, amelyet nem lehet szavakkal leírni. Pál gyakran találta magát börtönben, munkában, számtalanszor megverték, sokszor volt halálveszélyben, számtalan álmatlan éjszakája volt, éhezett és szomjazott, hidegben és kiszolgáltatottságban (Pál második levele a korinthusiakhoz 11,23-27).

Könnyen élhetett volna egy gazdag és kényelmes életet az ő státuszával, tekintélyével és tudásával, bölcsességével, de Pál mindezt feladta, és mindenét, amije csak volt, odaadta az Úrnak.

Mert én vagyok a legkisebb az apostolok között, ki nem vagyok méltó, hogy apostolnak neveztessem, mert háborgattam az Istennek anyaszentegyházát. De Isten kegyelme által vagyok, a mi vagyok; és az ő hozzám való kegyelme nem lőn hiábavaló; sőt többet munkálkodtam, mint azok mindnyájan de nem én, hanem az Istennek velem való kegyelme (Pál első levele a korinthusiakhoz 15,9-10).

Pál azért tehetett ilyen merész kijelentést, mivel nagyon élő volt benne a találkozása Jézus Krisztussal. Az Úr nemcsak találkozott a damaszkuszi úton Pállal, hanem kinyilatkozta a jelenlétét Pálnak úgy, hogy számtalan és nagyszerű hatalmi munkákat mutatott általa.

Isten nagyszerű csodákat mutatott Pál kezei által, amiért zsebkendőket és kötényeket vittek a testétől a betegeknek, amelyektől azok meggyógyultak, és a gonosz szellemek elhagyták a testüket. Pál egy fiatalembert, Eutikuszt visszahozott az életbe, amikor az leesett a harmadik emeletről, és belehalt az esésbe. Egy halottat visszahozni az életbe csak Isten hatalmával lehet.

Az Ótestamentum megjegyzi, hogy Éliás próféta visszahozta az életbe az arefáti özvegyasszony fiát, míg Elisa próféta felélesztette az egyik fontos sunémi asszony fiát. Amint a zsoltáros írta a 62,11 zsoltárban: „Egyszer szólott az Isten, kétszer hallottam ugyanazt, hogy a hatalom az Istené", Isten hatalma az istenfélő embereknek adatik meg.

A három missziós utazása alatt Pál megalapította Jézus Krisztus evangéliumának az alapjait – amelyet az összes nemzetnek lehet prédikálni – azzal, hogy számos helyen templomot épített Ázsiában és Európában, beleértve Kisázsiát és Görögországot. Így nyílt meg az az ösvény, amelyen Jézus Krisztus evangéliumát tudták terjeszteni, a világ minden szegletében, és ezért több milliárd lélek üdvözülhetett.

Péter nagy erőt tanúsít, és számos lelket megment

Mit mondhatunk Péterről, aki élen járt abban, hogy a zsidók között terjessze az evangéliumot? Mielőtt Jézussal találkozott, egy közönséges halász volt, de miután Jézus elhívta őt, és a csodálatos dolgokat első kézből megtapasztalta, amelyeket Jézus tett, Péter az egyik legjobb tanítványává vált.

Amikor Péter látta Jézust, amint kinyilvánította azt az erősségű és fajta szeretetet, amelyet az emberek még utánozni sem tudtak, beleértve a vakok szemének felnyitását, a sánták felállítását, a holtak feltámasztását, látta, amint Jézus jó dolgokat tesz, és látta, amint Jézus eltakarja az emberek hibáit és bűneit, Péter ezt gondolhatta: „Tényleg Istentől jött Ő." Máté evangéliumának 16

versében megtaláljuk a vallomását:
"Mit mondasz: ki vagyok én?" (15. vers) *"Te vagy a Krisztus, az élő Isten fia"* (16. vers).

Aztán valami elképzelhetetlen dolog történt Péterrel, aki ilyen vakmerő kijelentést tett, amit fentebb olvastunk. Péter ezt vallotta Jézusnak az utolsó vacsorán: *"Bár mindenki el fog távolodni tőled, én nem fogok"* (Máté evangéliuma 26:33). Azonban azon az éjszakán, amikor Jézust elfogták és keresztre feszítették, Péter háromszor is letagadta, hogy ismeri őt, a halálfélelme miatt.

Miután Jézus feltámadt és felment a mennybe, Péterbe szállt a Szentlélek a Mennyországból, és csodálatos módon átalakult. Az élete minden percét arra szentelte, hogy az evangéliumot prédikálja, anélkül, hogy többé a haláltól felt volna. Egy nap 3.000 ember bánta meg a bűnét és keresztelkedett meg, miután Péter Jézus Krisztusról beszélt és tanúságot tett. Még a zsidó vezetők előtt is – akik azzal fenyegették, hogy elveszik az életét – bátran megvallotta, hogy Jézus Krisztus az Urunk, egyedüli Megmentőnk.

"Péter pedig monda nékik: Térjetek meg és keresztelkedjetek meg mindnyájan a Jézus Krisztusnak nevében a bűnöknek bocsánatjára; és veszitek a Szent Lélek ajándékát. Mert néktek lett az ígéret és a ti gyermekeiteknek, és mindazoknak, kik messze vannak, valakiket csak elhív magának az Úr, a mi Istenünk" (Az apostolok cselekedetei 2,38-39).

„*Ez ama kő, melyet ti építők megvetettetek, mely lett a szegeletnek fejévé. És nincsen senkiben másban idvesség: mert nem is adatott emberek között az ég alatt más név, mely által kellene nékünk megtartatnunk*" (Az apostolok cselekedetei 4,11-12).

Péter a számos csodával és jellel tanúskodott az élő Istenről. Lyddában meggyógyított egy embert, aki béna volt nyolc évig, míg a közeli Joppában felélesztette Tabithát, aki beteg lett, majd meghalt. Péter a sántákat újra járni segítette, számos különböző betegséget meggyógyított, és démonokat hajtott ki.

Isten ereje olyan nagymértékben Péterrel volt, hogy az emberek hordágyakon kivitték a betegeket az utcára és otthagyták őket, hogy amikor Péter arra jár, az árnyéka érje el őket (Az apostolok cselekedetei 5,15).

Ráadásul látomások útján Isten Péter tudomására hozta, hogy a megmentés jó híre meg fog érkezni az idegenek számára. Egy napon Péter felment a háztetőre, hogy imádkozzon, miközben megéhezett, és enni akart. Amíg az étel készült, Péter transzba esett és látta, hogy az ég kettényílt, és egy nagy lepedőszerű tárgy esett alá. A lepedőben mindenféle négylábú és kúszó-mászó állat volt: földi állatok, valamint az ég madarai (Apostolok cselekedetei 10,9-12). Akkor Péter egy hangot hallott:

„*És szózat lőn ő hozzá: Kelj fel Péter, öljed és egyél!*" (13. vers). „*Semmiképen sem, Uram; mert sohasem ettem semmi közönségest, vagy tisztátalant*" (14. vers). „*A miket az Isten*

megtisztított, te ne mondd tisztátalanoknak" (15. vers).
Ez háromszor történt meg, és minden visszatért az égbe. Péter nem értette, miért parancsolta neki Isten, hogy olyat egyen, ami „tisztátalan" volt Mózes Törvénye szerint. Amíg Péter a vízión gondolkodott, a Szentlélek ezt mondta neki: *„És a míg Péter a látás felől gondolkodék, monda néki a Lélek: Ímé három férfiú keres téged: Nosza kelj fel, eredj alá, és minden kételkedés nélkül menj el ő velök: mert én küldöttem őket"* (Apostolok cselekedetei 10,19-20). A három ember Kornéliusz, az idegen megbízásából érkezett azért, hogy Pétert meghívja a házába.

Ez által a vízió által Isten azt üzente Péternek, hogy az Ő könyörületességéről kell prédikálnia még az idegeneknek is, és arra biztatta Pétert, hogy Jézus Krisztus, az Úr evangéliumát terjessze nekik. Péter nagyon hálás volt az Úrnak, aki végig szerette őt, és egy szent feladattal bízta meg, mint az Ő apostolát, annak ellenére, hogy Péter háromszor is megtagadta őt. A feladata az volt, hogy élete kímélése nélkül vezessen számos lelket az üdvösségre. Az élete végén Péter mártírhalált halt.

János apostol az utolsó napokon prófétál Jézus Krisztus jelenései által

János eredetileg halász volt Galileában, azonban miután Jézus elhívta őt, János mindig vele járt és megtapasztalta az Ő csodáit, és a jelek kinyilvánítását. János látta, amint Jézus bort varázsol a vízből a kánai menyegzőn, meggyógyít számtalan beteget, köztük egy olyant is, aki 38 éve beteg volt már, démonokat vezet ki számos emberből, és a vakok szemét meggyógyítja. Azt is látta, hogy Jézus vízen jár, és visszahozza Lázárt az életbe, aki négy éve halott volt.

János akkor is követte Jézust, amikor átalakult (az arca úgy fénylett, mint a nap, a ruhái olyan fehérek voltak, mint a fény), és beszélt Mózessel és Éliással az Átalakulás Hegyének tetején. Amikor Jézus az utolsókat lélegezte a kereszten, János azt hallotta, hogy Jézus Szűz Máriához és hozzá beszélt: „Asszony, lásd a fiad!" (János evangéliuma 19,26) „Nézd, az anyád!" (János evangéliuma 19,27)

A harmadik utolsó szavával, amit a kereszten kiejtett, fizikai értelemben Jézus Máriát vigasztalta, aki kihordta őt, és életet adott neki, azonban spirituális értelemben a teljes emberiségnek kinyilatkozta, hogy a hívők testvérek és anyák.

Jézus soha nem említette úgy Máriát, mint az „anyja". Mivel Jézus, az Isten Fia lényegében Isten Maga, senki nem adhatott életet neki, és így nem lehetett anyja. Jézus azért mondta, hogy „Nézd, az anyád!", mivel Jánosnak az volt innentől a feladata, hogy Máriát a saját anyjaként szolgálja.

Jézus feltámadása és mennybemenetele után János szorgalmasan prédikálta Jézus Krisztus evangéliumát, számos más apostollal együtt, a zsidók állandó fenyegetései ellenére. A Korai Egyház látványos újjászületésen ment át úgy, hogy lelkesen prédikálták az evangéliumot, azonban ezzel egyidejűleg az apostolok állandó üldözésnek voltak kitéve.

János apostolt a Zsidók Tanácsa kikérdezte, és később forró olajba tették a római császár, Domicián parancsából. Azonban

Isten hatalmából és gondviseléséből Jánost nem érte bántódás. A császár Patmosz görög szigetre száműzte, mely a Földközitengeren volt. Itt János Istennel beszélgetett az imáiban, és a Szentlélek sugallatára és az angyalok vezetésével számos mély víziója volt, és leírta Jézus Krisztus jelenéseit.

Jézus Krisztus kijelentése, a melyet adott néki az Isten, hogy megmutassa az ő szolgáinak, a miknek meg kell lenniök hamar: Ő pedig elküldvén [azt] az ő angyala által, megjelenté az ő szolgájának Jánosnak (Jelenések könyve 1,1).

A Szentlélek inspirációjából János apostol leírta azokat a dolgokat, amelyek be fognak következni az utolsó napokon, hogy minden ember elfogadhassa Jézus Krisztust, mint az ő Megmentőjét, és felkészülhessen, hogy fogadja Őt a királyok Királyaként, és az urak Uraként az Ő Második eljövetelekor.

A Korai Egyház tagjai szigorúan kitartanak a hitük mellett

Amikor a feltámadt Jézus felment a mennybe, megígérte a tanítványainak, hogy ugyanúgy fog visszatérni, ahogy látták Őt felmenni.

Jézus feltámadásának és mennybemenetelének számtalan sok szemtanúja rájött, hogy ők is fel tudnak majd támadni, és nem féltek a haláltól tovább. Ezért tudták az életüket az Ő tanúikként élni, a nehézségek és elnyomás ellenére is, ami a világi vezetők részéről megnyilvánult irányukban, valamint az üldözés ellenére, amely gyakran az életükbe került. Nemcsak Jézus tanítványai – akik Őt szolgálták a nyilvános szolgálata alatt – hanem számos más ember is áldozatául esett az oroszlánoknak a római Kolosszeumban, lefejezték, keresztre feszítették, hamuvá égették őket. Azonban mindannyian kitartottak a Jézus Krisztusba vetett hitük mellett.

Mivel a keresztények elleni üldözés erősödött, a korai egyház tagjai elbújtak a római katakombákban, amelyeket „földalatti temetkezési helyként" ismertek. Az életük nyomorult volt, mintha nem is éltek volna. Mivel szenvedélyesen és komolyan szerették az Urat, nem féltek a megpróbáltatásoktól és kínoktól.

Mielőtt a kereszténységet hivatalosan elismerték Rómában, a keresztények elleni támadások nagyon erősek és leírhatatlanul kegyetlenek voltak. A keresztényeket megfosztották az állampolgárságuktól, a bibliákat és templomokat felgyújtották, a templomi vezetőket és munkásokat letartóztatták, brutálisan megkínozták, és kivégezték.

Polycarp személyes barátja volt János apostolnak a szmirnai templomban, Kisázsiában. Polycarp elkötelezett püspök volt. Amikor a római hatóságok letartóztatták, és a Kormányzó előtt kellett megjelennie, nem felejtette el a hitét:

„Nem akarlak megszégyeníteni. Parancsold meg, hogy kivégezzék a keresztényeket, és elengedlek."

„86 évig az Ő szolgája voltam, és nem tett rosszat nekem. Hogyan gyalázhatnám meg a királyomat, aki megmentett engem?"

Megpróbálták halálra égetni, de nem sikerült, ezért Polycarp, a szmirnai püspök mártírhalált halt, miután halálra szurkálták. Amikor a többi keresztény hallotta és látta Polycarp hitbéli menetelését és mártírságát, elképzelték Jézus Krisztus Passióját, és maguk is a mártírságot választották.

És monda azoknak: Izráel férfiai, vigyázzatok magatokra ez emberekkel szemben, mit akartok cselekedni! Mert ez időnek előtte felkelt Theudás, azt mondván, hogy ő valaki, kihez mintegy négyszáz embernyi tömeg csatlakozott; ő megöletett, és mindnyájan, a kik csak követték őt, eloszlottak és semmivé lettek. Ezután felkelt ama Galileus Júdás az összeírás idején, és sok népet maga után csábított: ez is elveszett; és mindazok, a kik őt követték, szétszórattak. Mostanra nézve is mondom néktek, álljatok el ez emberektől, és hagyjatok békét nékik: mert ha emberektől van e tanács, vagy e dolog, semmivé lesz; Ha pedig Istentől van, ti fel nem bonthatjátok azt; nehogy esetleg Isten ellen harczolóknak is találtassatok (Apostolok cselekedetei 5,35-39).

Mivel a híres Gamaliel emlékeztette Izrael gyermekeit a

fentiekre, Jézus Krisztus evangéliuma, ami magától Istentől jött, nem bukhatott el. Végül Krisztus után 313-ban Konstantinusz császár elismerte a kereszténységet, mint a császársága hivatalos vallását, és Jézus Krisztus evangéliumát elkezdték az egész világon prédikálni.

A Pilátus jelentésében lejegyzett tanúságtétel Jézus Krisztusról

A Római Birodalom történelmi dokumentumai között van egy kézirat, amelyben leírták Jézus Krisztus feltámadását, és amelyet Poncius Pilátus, aki annakidején a Római Provincia Kormányzója volt, írt, és elküldött a császárnak.

A következő egy kivonat „Pilátus jelentése a császárnak Jézus Krisztus letartóztatásáról, tárgyalásáról és keresztre feszítéséről", amelyet ma a Hagia Sophiában őriznek, Törökországban:

> Pár nappal az után, hogy a síremléket üresen találták, a tanítványai kijelentették, hogy Jézus feltámadt halottaiból, ahogy Ő előre megmondta. Ez még nagyobb izgalmat okozott, mint a keresztre feszítés. Az ügy igazságáról nem tudok nyilatkozni, azonban kivizsgálásokat végeztem, hogy mindenki maga tudjon dönteni, hogy hibáztam-e, amint azt Herótus mondja.
>
> József eltemette Jézust a saját sírjába. Hogy Jézus feltámadásáról gondolkodott, vagy arról, hogy még

egyszer megvágja, nem tudom. Az eltemetése utáni napon az egyik lelkész eljött a pretóriumba, és azt mondta, hogy azt gyanítják, hogy a tanítványok ki fogják lopni a testét, majd elrejtik, hogy úgy tűnjön, mintha feltámadt volna, amint Ő megjósolta, és amiről ők teljesen meg voltak győződve.

Elküldtem a királyi őrök kapitányához (Malcus), hogy mondja meg neki: vegye a zsidó katonákat, és helyezzen belőlük annyit a sír körül, amennyire szükség volt, aztán ha bármi történt volna, magukat kellett volna okolniuk, nem a rómaiakat.

Később nagy volt az izgatottság, mivel a síremléket üresen találták, és én mélyebb magányt éreztem, mint valaha. Elküldtem ezért az emberért, Islamért, aki a következő eseményekről számolt be, amikre a legjobb tudásom szerint emlékezem. Láttak egy lágy és gyönyörű fényt a sír fölött. Először azt gondolta, hogy megjöttek a nők Jézus testét bebalzsamozni, ahogy szokták, de nem tudta, hogyan jutottak át az őrökön. Amíg ezek a gondolatok átszaladtak az agyán, láss csudát az egész hely megvilágosodott, és úgy tűnt, hogy rengeteg halott van ott a komoly ruháikban.

Úgy tűnt, hogy mind kiabáltak és nagyon izgatottak voltak, míg körülöttük a legszebb zene hallszott, és a levegő tele volt hangokkal, melyek Istent dicsőítették. Ez alatt az idő alatt úgy tűnt, hogy a föld pörög és úszik, olyannyira, hogy majdnem elájult és beteg lett, és alig állt a lábán. Azt mondta, úgy tűnt, a föld kiúszik a lába alól, és az érzékei felmondják a szolgálatot, és nem tudta, mi történt.

„*És ímé a templom kárpítja fölétől aljáig ketté hasada; és a föld megindula, és a kősziklák megrepedezének; És a sírok megnyílának, és sok elhúnyt szentnek teste föltámada. És kijövén a sírokból, a Jézus föltámadása után bementek a szent városba, és sokaknak megjelenének*" (Máté evangéliuma 27,51-53). A római őrök ugyanazt a tanúvallomást tették.

Miután leírta a római őrök tanúvallomását, akik megtapasztalták ezeket a szellemi dolgokat, Pilátus megjegyezte a jelentése végén: „Majdnem kijelentem: Ő igazán Isten Fia volt."

Számtalan ember szemtanúja az Úr Jézus Krisztusnak

Nemcsak Jézus Krisztus tanítványai – akik Őt szolgálták a nyilvános szolgálata alatt – tanúskodtak Jézus Krisztus jó híréről. Amint Jézus is mondta János 14,13-ban, „*És akármit kértek majd az én nevemben, megcselekszem azt, hogy dicsőíttessék az Atya a Fiúban,*" számtalan tanú kapott Istentől választ az imáira, és tanúskodott az élő Istenről, és az Úr Jézus Krisztusról az Ő feltámadása és mennybemenetele óta.

Hanem vesztek erőt, minekutána a Szent Lélek eljő reátok: és lesztek nékem tanúim úgy Jeruzsálemben, mint az egész Júdeában és Samariában és a földnek mind végső határáig (Az apostolok cselekedetei 1,8).

Elfogadtam az Urat én is, miután Isten ereje meggyógyított az összes betegségemből, amelyekben az orvostudomány teljesen tanácstalan volt. Később felszenteltek, mint az Úr Jézus Krisztus szolgája, és mindenféle nemzetnek prédikáltam az evangéliumot, és jeleket és csodákat mutattam.

Amint az előbbi vers ígérete tartalmazza, sok ember vált Isten gyermekévé úgy, hogy a Szentlelket megkapta, és Jézus Krisztus evangéliumának terjesztésének áldozta az életét, a Szentlélek hatalmával. Így terjedt el az evangélium az egész földön, és számtalan ember a földön találkozik az élő Istennel ma, és fogadja el Jézus Krisztust.

És monda nékik: Elmenvén e széles világra, hirdessétek az evangyéliomot minden teremtésnek. A ki hiszen és megkeresztelkedik, idvezül; a ki pedig nem hiszen, elkárhozik. Azokat pedig, a kik hisznek, ilyen jelek követik: az én nevemben ördögöket űznek; új nyelveken szólnak. Kígyókat vesznek föl; és ha valami halálost isznak, meg nem árt nékik: betegekre vetik kezeiket, és meggyógyulnak (Márk evangéliuma 16,15-18).

A Szent Szepultúra Temploma, Kálváriahegy, Jeruzsálem

Második fejezet
A Messiás, akit Isten küldött

Isten megígéri, hogy elküldi a Messiást

Izrael sokszor elvesztette a függetlenségét, és sokszor lerohanták, míg olyan elnyomásoktól kellett szenvednie, mint Perzsia és Róma. Az Ő prófétái által Isten nagyszerű ígéretet tett a Messiással kapcsolatban, aki eljön majdan, mint Izrael Királya. Ennél nagyobb reményforrás nem létezhetett a nyomorúságba döntött izraeliták számára, mint Isten ígérete a Messiásról.

Mert egy gyermek születik nékünk, fiú adatik nékünk, és az uralom az ő vállán lészen, és hívják nevét: csodálatosnak, tanácsosnak, erős Istennek, örökkévalóság atyjának, békesség fejedelmének! Uralma növekedésének és békéjének nem lesz vége a Dávid trónján és királysága felett, hogy fölemelje és megerősítse azt jogosság és igazság által mostantól mindörökké. A seregek Urának buzgó szerelme mívelendi ezt! (Ézsaiás könyve 9,6-7)

„*Ímé, eljőnek a napok, azt mondja az Úr, és támasztok Dávidnak igaz magvat, és uralkodik mint király, és bölcsen cselekszik és méltányosságot és igazságot cselekszik e földön. Az ő idejében megszabadul Júda, és Izráel bátorságosan lakozik, és ez lesz az ő neve, a melylyel nevezik őt: Az Úr a mi igazságunk!"* (Jeremiás próféta könyve 23,5-6)

Örülj nagyon, Sionnak leánya, örvendezz, Jeruzsálem leánya! Ímé, jön néked a te királyod; igaz és szabadító ő; szegény és szamárháton ülő, azaz nőstényszamárnak vemhén. És kivesztem a szekeret Efraimból és a lovat Jeruzsálemből, kivesztem a harczi kézívet is, és békességet hirdet a pogányoknak; és uralkodik tengertől tengerig, és a folyamtól a föld határáig (Zakariás 9,9-10).

Izrael vég nélkül várt a Messiásra, és még ma is vár. Mi késlelteti ennek a Messiásnak a megjövetelét, akit Izrael annyira vár? Nagyon sok zsidó ember várja a választ erre, de a válasz az, hogy a Messiás már eljött.

A Messiás, Jézus úgy szenvedett, ahogy Ézsaiás megjósolta

A Messiás, akit Isten megígért Izraelnek, és akit el is küldött már: nem más, mint Jézus. Jézus Betlehemben született, Júdeában, kétezer évvel ezelőtt, és amikor az idő eljött, meghalt a kereszten, feltámadt, és az összes ember számára megnyitotta az üdvösség kapuit. Az Ő idejebeli zsidók azonban nem ismerték fel azt, hogy valóban Ő a Messiás, akire vártak. Mindez azért történt, mert Jézus teljesen másképp nézett ki, mint akit ős Messiásként vártak.

A zsidók nehezen viselték a hosszú gyarmati sorsukat, és egy erős Messiásra vártak, aki majd megmenti őket a politikai nehézségeiktől. Azt hitték, hogy a Messiás Izrael királyaként fog eljönni, megszüntet minden háborút, megszabadítja őket az üldözéstől és elnyomástól, igazi békét hoz nekik, és minden nemzet fölé emeli őket.

Azonban Jézus nem nagyszerűségben jött erre a világra, hanem egy szegény ácsmester fiaként. Nem szabadította fel Izraelt Róma elnyomása alól, és nem állította vissza a korábbi dicsőséget sem. Azért jött erre a világra, hogy az emberiséget újjáépítse Isten gyermekeként, amely Ádám bűne óta pusztulásra volt ítélve.

Ezekből az okokból a zsidók nem ismerték el Jézust, mint Messiást, ehelyett keresztre feszítették Őt. Ha megnézzük az Messiás képét a Bibliában azonban, kijelenthetjük, hogy a Messiás valóban Jézus.

Felnőtt, mint egy vesszőszál Ő előtte, és mint gyökér a száraz földből, nem volt néki alakja és ékessége, és néztünk reá, de nem vala ábrázata kivánatos! Útált és az emberektől elhagyott volt, fájdalmak férfia és betegség ismerője! mint a ki elől orczánkat elrejtjük, útált volt; és nem gondoltunk vele (Ézsaiás 53,2-3).

Isten azt mondta az izraelitáknak, hogy a Messiás, Izrael királya nem állami formában vagy nagyságban fog megjelenni, hanem e helyett utálni fogják, és elfelejtik Őt. Az izraeliták nem voltak képesek felismerni Jézust, mint Messiást, akit Isten megígért nekik.

Jézust megvetették és elfelejtették Isten kiválasztottjai, az izraeliták, azonban Isten Jézust minden nemzet fölé emelte, és számtalan ember elfogadta Őt, mint a Megmentőjét.

Ahogy írva van a 118,22-23 zsoltárban: *"A kő a melyet az építők megvetettek, szegeletkővé lett! Az Úrtól lett ez, csodálatos ez a mi szemeink előtt!"* az emberiség megmentésének gondviselését Jézus valósította meg, akit Izrael elhagyott.

Jézus nem úgy jelent meg külsőleg, ahogy azt Izrael népe elvárta, azonban láthatjuk, hogy Ő valóban a Messiás, akiről Jézus prófétált a prófétái által.

Minden, amit Isten a Messiás által ígért nekünk: dicsőség, béke, újjáépítés, mind a spirituális birodalom része. És Jézus, aki azért jött erre a világra, hogy a Messiás szerepét betöltse, ezt mondta: *"Az én országom nem e világból való"* (János evangéliuma 18,36).

A Messiás, akit Isten megjósolt, nem egy király volt, földi tekintéllyel és dicsőséggel. A Messiás nem azért jött erre a világra, hogy Isten gyermekei vagyont, hírnevet és tiszteletet élvezzenek az átmeneti idejük alatt a földön. Azért jött, hogy megmentse a népét a bűneiktől, és elvezesse őket az örök élethez és dicsőséghez a mennyben, örökre.

És lesz ama napon, hogy Isai gyökeréhez, a ki a népek zászlója lészen, eljőnek a pogányok, és az ő nyugodalma dicsőség lészen (Ézsaiás könyve 11,10).

A megígért nem csak Isten kiválasztott népéhez, az izraelitákhoz jött el, hanem azért, hogy az üdvösség ígéretét megvalósítsa mindazok számára, akik elfogadják Isten ígéretét a Messiással kapcsolatban, és hittel követik Ábrahám hitének nyomait. Röviden: a Messiás azért jött, hogy beteljesítse Isten ígéretét a világ minden nemzetének a megmentésével kapcsolatban.

A teljes emberiség megmentésének szükségessége

Miért kellett a Messiásnak az eljövetelével a teljes emberiséget megmentenie, nem csak Izrael népét?

Mózes első könyvének 1,28 versében Isten megáldja Ádámot és Évát, mondván: *"És megáldá Isten őket, és monda nékik Isten: Szaporodjatok és sokasodjatok, és töltsétek be a földet és hajtsátok birodalmatok alá; és uralkodjatok a tenger halain, az ég madarain, és a földön csúszó-mászó mindenféle állatokon."*

Miután megalkotta az első embert, Ádámot, és megtette őt az összes teremtmény urává, Isten megadta neki a hatalmat, hogy „leigázza" és „irányítsa" a földet. Azonban, amikor Ádám evett a jó és a rossz tudásának fájáról, amit Isten megtiltott neki, és a

Sátán által felbujtott kígyó csábításának engedve evett annak gyümölcséből, Ádám hatalma megszűnt.

Amikor Isten igazságos szavainak engedelmeskedtek, Ádám és Éva az igazság rabszolgái voltak, és Isten tekintélyt adott nekik, azonban miután bűnöztek, a bűn és az ördög rabszolgává váltak, és arra kényszerítették őket, hogy lemondjanak a tekintélyről (A rómaiakhoz írt levél 6,16). Így a teljes tekintély, amit Ádám Istentől kapott, az ördög kezébe került.

Lukács 4-ben az ellenséges ördög megkísértette Jézust háromszor, miután befejezte a 40 napos böjtjét. Az ördög megmutatta Jézusnak a világ összes királyságát, és ezt mondta neki: „*És monda néki az ördög: Néked adom mindezt a hatalmat és ezeknek dicsőségét; mert nékem adatott, és annak adom, a kinek akarom; Azért ha te engem imádsz, mindez a tied lesz*" (Lukács evangéliuma 4,6-7). Az ördög azt sugallja, hogy a „dicsőség és a hatalom" „neki adatott" Ádám által, és ezt ő tovább is adhatja.

Igen, Ádámnak megvolt a hatalma, és át is adta azt az ördögnek, és ennek következtében az ördög rabszolgájává vált. Ez után Ádám bűnre bűnt halmozott az ördög hatalma alatt, és a halál útjára tért, ami a bűnök megfizetése. Ennek nem lett vége Ádámmal, hanem az összes többi leszármazottját is érintette, akik az eredeti bűnt mind elörökölték. Ők is az ördög által vezérelt bűn tekintélye alá kerültek, és halálra ítéltettek.

Ezért volt szükségszerű, hogy a Messiás eljöjjön a földre. Nemcsak Isten kiválasztott népe, az izraeliták, hanem a világ összes többi népe is igényelte a Messiás eljövetelét, aki megmenti őket az ördög és a Sátán tekintélyétől.

A Messiás képzettsége

Ahogy ezen a világon törvények vannak, a spirituális világban is úgyszintén vannak szabályok. Az, hogy egy személy halálra ítéltetik vagy bocsánatot nyernek a bűnei és üdvözül, attól függ, mik a spirituális világ törvényei. Milyen tulajdonságai kell, hogy legyenek a személynek, hogy ő lehessen a Messiás, hogy a teljes emberiséget megmenthesse a Törvény átkától?

A Messiás jellemzőire vonatkozó előírások a törvényben lelhetők fel, amelyet Isten az Ő kiválasztott népének adott. A törvény a föld megváltásáról szólt.

A földet pedig senki el ne adja örökre, mert enyém a föld; csak jövevények és zsellérek vagytok ti nálam. Azért a ti birtokotoknak egész földén megengedjétek, hogy a föld kiváltható legyen. Ha elszegényedik a te atyádfia, és elad valamit az ő birtokából, akkor álljon elő az ő rokona, a ki közel van ő hozzá, és váltsa ki, a mit eladott az ő atyjafia (Mózes harmadik könyve 25,23-25).

A föld kiváltásáról szóló törvény tartalmazza a titkokat a Messiás jellemzőivel kapcsolatban

Isten kiválasztott népe, az izraeliták alávetették magukat a törvénynek, így egy tranzakció közepette, amelyben földet adtak és vettek, szigorúan tartották magukat a föld kiváltásának törvényéhez, amely a Bibliában található. A más országokbeli földtörvénnyel ellentétben Izrael állam törvénye előírta, hogy a földet nem lehet véglegesen eladni, hisz eladás után vissza lehet azt vásárolni egy későbbi időpontban. Azt írja elő, hogy egy gazdag rokon visszaveheti a földet egy családtagjának, aki azt eladta. Ha egy személynek nincsen ilyen gazdag rokona, de összegyűjtötte a visszavásárláshoz szükséges földet, a törvény megengedi, hogy a föld eredeti tulajdonosa visszavásárolja azt magának.

Hogyan függ össze a Mózes harmadik könyvében bemutatott földtörvény a Messiás tulajdonságaival?

Hogy jobban megérthessük ezt, eszünkbe kell hogy jusson, hogy az ember a föld porából lett. Mózes első könyvének 3,19 versében Isten ezt mondja Ádámnak: *„Orczád verítékével egyed a te kenyeredet, míglen visszatérsz a földbe, mert abból vétettél: mert por vagy te s ismét porrá leszesz."* És a Mózes első könyvének 3,23-ban ez található: *„Kiküldé őt az Úr Isten az Éden kertjéből, hogy mívelje a földet, a melyből vétetett vala."*

Isten ezt mondta Ádámnak: „Mert por vagy te", és „a föld" spirituálisan azt jelenti, hogy az ember a föld porából lett. Így lehet, hogy a föld eladásával és vásárlásával kapcsolatos törvény közvetlenül kapcsolatban van a spirituális birodalom törvényével, amely az emberiség megmentésével kapcsolatos.

A föld kiváltásáról szóló törvény szerint Isten birtokolja a földet, és senki nem tudja azt véglegesen eladni. Ugyanígy: a tekintély, amit Ádám kapott, eredetileg Istené volt, és így senki sem adhatta el véglegesen. Ha valaki szegény lett és eladta a földjét, visszaválthatta akkor, ha a megfelelő személy megjelent. Hasonlóan, az ördög is vissza kellett hogy adja a tekintélyt, amelyet Ádám adott át neki, amikor egy személy, aki azt a tekintélyt vissza tudta váltani, megjelent.

A földtörvény alapján a szeretet és igazságosság Istene egy olyan személyt készített elő, aki képes volt visszaszerezni a teljes tekintélyt, amit Ádám átadott az ördögnek. Ez a személy a Messiás, Jézus Krisztus, akit Isten örök időktől készített erre, és Ő Maga küldött ide.

A Megmentő tulajdonságai, és ezek beteljesítése Jézus Krisztus által

Nézzük meg, miért Jézus Krisztus a Megmentője az emberiségnek, a föld eladásának és megvételének törvénye alapján.

Ahogy a föld visszaszerzője egy rokon lehet, a Megmentő is egy ember kell hogy legyen, hogy az emberiséget megmentse a bűneitől, mivel a teljes emberiség bűnözővé vált az első ember,

Ádám bűnén keresztül. Mózes harmadik könyvének 25,25 verse ezt mondja nekünk: *"Ha elszegényedik a te atyádfia, és elad valamit az ő birtokából, akkor álljon el az ő rokona, a ki közel van ő hozzá, és váltsa ki, a mit eladott az ő atyjafia."* Ha egy személy már nem tudta megengedni magának, hogy a földjét megtartsa, és ezért eladta, a legközelebbi rokona vissza tudta vásárolni azt. Ugyanígy, mivel az első ember, Ádám bűnözött, és át kellett adnia a hatalmát – amit Istentől kapott – az ördögnek, a tekintély visszaszerzése csak egy ember által lehetséges, aki Ádám „legközelebbi rokona" lesz.

Ahogy találjuk a korinthusiakhoz írt első levél 15,21 versében: *"Miután ugyanis ember által van a halál, szintén ember által van a halottak feltámadása is"*, a Biblia is megerősíti: a megmentést csak egy ember tudja véghezvinni, nem egy angyal, vagy egy fenevad. Az emberiség a halál útjára tévedt Ádám bűne miatt, így valaki más meg kellett hogy mentse az embereket a bűneiktől, és csakis egy ember, Ádám „legközelebbi rokona" tudta ezt megtenni.

Bár Jézus mind az emberi, mind az isteni természetet birtokolta, mint Isten Fia, Ő egy embertől született annak érdekében, hogy az emberiséget megmentse a bűnöktől (János 1,14), és hogy a növekedést az emberiség megtapasztalhassa. Mint emberi lény, Jézus aludt, éhséget és szomjúságot is érzett. Amikor keresztre feszítették, Jézus vérzett, és érezte a fájdalmat.

Még a történelmi kontextusban is létezik olyan abszolút bizonyíték, amely egyértelműen igazolja: Jézus emberi lényként jött a világra. Jézus születése az emberi történelemben abszolút referenciapont lett: „i.e." és „i.sz.", vagyis „i.e." a Jézus születése előtti időket, míg „i.sz.", vagy AD (Anno Domini) a Jézus születése utáni időket jelenti. Ez mutatja, hogy Jézus valóban emberként jött a világra. Így Jézus megfelel a Megváltó első követelményének: emberként jött a földre.

Másodszor: ahogy a föld tulajdonosa nem tudta a földet visszavásárolni, ha szegény volt, Ádám leszármazottja sem tudja az emberiséget megmenteni, mert Ádám és az ő leszármazottjai az eredeti bűnnel születnek erre a világra. Az emberiség megmentője nem lehet Ádám rokona.

Ha egy fiútestvér vissza akarná fizetni a lánytestvére adósságát, ő maga adósságtól mentes kell hogy legyen. Hasonlóképpen, ha valaki meg akar menteni másokat, bűntelennek kell lennie. Ha a megmentő bűnös, akkor a bűn rabszolgájaként él, és hogyan tudna másokat megmenteni a bűneiktől?

Miután Ádám elkövette az engedetlenség bűnét, az összes leszármazottja az eredeti bűnnel született meg. Így Ádám leszármazottjai nem lehetnek Megmentők.

Érzéki értelemben Jézus Dávid leszármazottja, és a szülei Dávid és Mária. Máté ezt mondja nekünk 1:20-bán, *„Mikor pedig ezeket magában elgondolta: ímé az Úrnak angyala álomban megjelenék néki, mondván: József, Dávidnak fia, ne félj magadhoz venni Máriát, a te feleségedet, mert a mi benne* *fogantatott, a Szent Lélektől van az."*

Azért születik minden egyén az eredeti bűnnel, mert a szüleik bűnös tulajdonságait öröklik az anyjuk petesejtje és az apjuk spermája által. Azonban Jézus nem József spermájából és Mária petesejtéből született, hanem a Szentlélek által. Ez azért történhetett meg, mert Mária az előtt terhes volt, hogy együtt aludtak volna. A mindenható Isten tehet arról, hogy egy gyermek sperma és petesejt nélkül megszülethet, a Szentlélek sugallatára.

Jézus csak „kölcsönkérte" Mária, a szűz testét. A Szentlélek erejével fogant Ő, és így Jézus nem örökölte a bűnösök jellemvonásait. Mivel Jézus nem Ádám leszármazottja, és így az eredeti bűntől mentes, így a Megmentő második jellemzővonásának is megfelel.

Harmadsorban, ahogy a föld visszavásárlója is gazdag kell legyen, hogy a földet visszavehesse, az emberiség elég hatalmas kell hogy legyen ahhoz, hogy a gonoszt legyőzze, és az emberiséget megmentse tőle.

Mózes harmadik könyvének 25,26-27 versei ezt tartalmazzák: *„Ha pedig nincs valakinek kiváltó rokona, de maga tesz szert annyira, hogy elege van annak megváltásához: Számlálja meg az eladása óta eltelt esztendőket, a felül lévőt pedig térítse meg annak, a kinek eladta volt, és újra övé legyen az ő birtoka."*
Más szavakkal, ahhoz, hogy valaki visszavehesse a földet, először birtokolnia kell az eszközöket erre.

A háborús rabok megmentéséhez arra van szükség, hogy az

egyik fél le tudja győzni az ellenséget, míg mások adósságának a visszafizetése azt igényli, hogy meglegyenek erre a pénzügyi eszközök. Ugyanígy, a teljes emberiség megmentése az ördög hatalma alól azt követeli meg, hogy a megmentőnek elég hatalmasnak kell lennie ahhoz, hogy legyőzze az ördögöt.

A bűnözés előtt Ádám olyan hatalmas volt, hogy az összes élőlény fölött uralkodott, azonban a bűne után Ádám a gonosz hatalma alá került. Ebből láthatjuk, hogy a gonosz legyőzésének hatalma a bűntelenségből fakad.

Jézus, isten Fia teljesen bűntelen volt. Mivel Jézus a Szentlélek által fogant, és nem Ádám leszármazottja volt, Benne nem volt meg az eredeti bűn. Sőt, mivel Ő csak és kizárólag Isten Törvénye szerint élt, Jézusnak egyáltalán nem voltak bűnei. Emiatt Péter, az apostol azt mondta, hogy Jézus *"A ki bűnt nem cselekedett, sem a szájában álnokság nem találtatott: A ki szidalmaztatván, viszont nem szidalmazott, szenvedvén nem fenyegetőzött; hanem hagyta az igazságosan ítélőre"* (1 Péter 2,22-23).

Mivel Neki nem voltak bűnei, Jézusnak megvolt a hatalma és tekintélye, hogy legyőzze a gonoszt, és megmentse az emberiséget tőle. Az Általa megnyilvánult számos jel és csoda tanúskodik erről. Jézus meggyógyította a beteg embereket, kivezette a démonokat, a vakokat látóvá tette, a süketeket hallóvá, míg a sántákat járókká. Még a zord tengert is lenyugtatta, és a holtakat felélesztette.

A tény, hogy Jézus bűntelen volt, az Ő feltámadása által teljes bizonyságot nyert. A spirituális birodalom törvénye szerint a bűnösöknek a halál jár (A rómaiakhoz írt levél 6,23). Mivel bűntelen volt, Jézust nem helyezték a halál uralma alá. Jézus a kereszten lehelte ki a lelkét, majd eltemették a sírba, azonban a harmadik napon feltámadt.

Jusson eszedbe, hogy a hit olyan ősatyái, mint Énok és Éliás élve ment a mennybe, anélkül, hogy a halállal szembe kellett volna néznie, mivel mindketten bűntelenek voltak, és teljesen szentesültek. Hasonlóan harmadnapra rá, hogy eltemették Őt, Jézus szétverte a Sátán és a gonosz tekintélyét az Ő feltámadása által, és az egész emberiség Megmentőjévé vált.

Negyedszer: ahogy a föld visszavásárlójának is szeretetet kell mutatnia, hogy a földet visszavásárolhassa a rokonának, az emberiség Megmentőjének is szeretnie kell másokat olyan szeretettel, amellyel az életét is odaadná másokért.

Ha a Megmentő kielégíti az első három tulajdonságot, de nincsen benne szeretet, nem válhat a teljes emberiség Megmentőjévé. Tegyük fel, hogy egy testvér tartozik valakinek 100.000 dollárral, míg a lánytestvére milliomos. Szeretet nélkül a lánytestvér nem fizetné vissza a testvére tartozását, és így az ő hatalmas vagyona semmit sem jelentene a fiútestvérnek.

Jézus emberi lényként érkezett a földre, nem Ádám rokonaként, és megvolt a hatalma, hogy legyőzze a gonoszt, és megmentse az emberiséget a Sátántól, mivel teljesen bűntelen volt. Azonban, ha nem lett volna Benne szeretet, Jézus nem válthatta volna meg az emberiség bűneit. „Az emberiség bűneinek megváltása Jézus által" azt jelentette, hogy Neki kellett a büntetést – ami a halál volt – elviselnie az emberek bűnei miatt, el kellett viselnie, hogy keresztre feszítsék, mint egy rendkívüli és szörnyű bűnözőt, végig kellett néznie az emberek megvetését Iránta, és halálra kellett véreznie, elveszítve az összes testnedvét. Mivel Jézus szeretete az emberiség iránt nagyon forró volt, és meg akarta menteni az emberiséget a bűneiktől, nem érdekelte Őt a keresztre feszítés sem.

Miért kellett Jézusnak egy fakereszten lennie, és miért kellett az Ő vérének kifolyni? Amint Mózes ötödik könyvének 21,23 verse ezt tartalmazza: „*mert átkozott Isten előtt a ki fán függ*" és a spirituális törvény szerint, amely ezt mondja: „A bűn büntetése a halál", Jézust azért feszítették keresztre, hogy megmentse az emberiséget a bűn átkától, amelyhez az oly erősen kötődött.

Sőt, amint Mózes harmadik könyvének 17,11 verse tartalmazza: „*'Mert a testnek élete a vérben van, én pedig az oltárra adtam azt néktek, hogy engesztelésül legyen a ti életetekért, mert a vér a benne levő élet által szerez engesztelést.*" Nincs bűnbocsánat vérontás nélkül.

Azt is tartalmazza ez a könyv, hogy az állatok vére helyett fehér lisztet is lehet áldozni Isten oltárán, ha valaki nagyon szegény, és nem tud állatot felajánlani. Nem az a fajta véráldozat volt, amely Istennek tetsző volt. Jézus megváltotta a bűneinket azzal, hogy a keresztre került, és a vére kifolyt értünk.

Mennyire csodálatos Jézus szeretete, hogy a vérét ontotta a

kereszten, és megnyitotta az üdvösség útját azok számára, akik lenézték és keresztre feszítették Őt, annak ellenére, hogy számos embert megmentett a betegségtől, meglazította a gonoszság kötelékeit, és csak jó dolgokat tett? A föld visszaváltásáról szóló törvény alapján elmondhatjuk, hogy egyedül Jézus felel meg a Messiás tulajdonságainak, aki képes az emberiséget a bűneitől megmenteni.

Az emberiség megmentésének útját már régóta készítik

Az emberiség megmentésének útja akkor nyílt meg, amikor Jézus meghalt a kereszten, feltámadt a harmadik napon a temetése után, ezzel eltörölve a halál felsőbbségét. Jézus érkezése a földre, hogy az emberiséget megmentse, és Messiássá váljon az emberek számára, már akkor felsejlett jóslatként, amikor Ádám elkövette a bűnét.

A Genezis 3,15-ben Isten azt mondta a kígyónak, aki megkísértette az asszonyt: *„És ellenségeskedést szerzek közötted és az asszony között, a te magod között, és az ő magva között: az neked fejedre tapos, te pedig annak sarkát mardosod."* Itt „a nő" spirituális értelemben Isten kiválasztott népét, az izraelitákat képviseli, míg „a kígyó" az ellenséges ördögöt és Sátánt jelképezi, akik Isten ellen vannak. Amikor „az asszony" magja „megégeti a kígyó fejét", ez azt jelenti, hogy az emberiség megváltója megérkezik az izraeliták közé, és legyőzi az ellenséges ördög halálhatalmát.

Egy kígyó erőtlenné válik, ha a fején sebet ejtenek. Hasonlóképpen, amikor Isten azt mondta a kígyónak, hogy az asszony magja meg fogja sebesíteni a fejét, Ő azt jósolta, hogy az emberiség Krisztusa Izraelből fog megszületni, és megszakítja majd az ellenséges ördög és a Sátán hatalmát, és megmenti azokat a bűnösöket, akik az ő hatalmukhoz kötődnek.

Mivel ennek tudatában volt, az ördög el akarta pusztítani a nő magját, mielőtt az a fejét megsérthette volna. A gonosz azt hitte, hogy csak akkor birtokolhatja örökre a hatalmat, amit Ádám adott át neki, ha megöli a nő magját. Azonban az ellenséges ördög nem tudta, ki lesz majd a nő magja, és ezért elkezdte a cselszövéseket szőni azért, hogy megölje Isten szeretett és hűséges prófétáit már az Ótestamentumi idők óta.

Amikor Mózes született, az ellenséges ördög felbujtotta az egyiptomi Fáraót, hogy ölje meg az összes fiú kisgyereket, akik Izraelben születtek (Exodus 1,15-22), és amikor Jézus hús-vér emberként megjött erre a világra, meghatotta Heródes király szívét, aki megengedte, hogy megöljék az összes betlehemi és környékbeli gyermeket, aki kétéves vagy kevesebb volt. Ebből az okból kifolyólag Isten Jézus családjának dolgozott, és megengedte nekik, hogy Egyiptomba menjenek.

Ezek után Jézus Isten gondviselése alá került, és elkezdte a szolgálatát 30 éves korában. Isten akaratának megfelelően Jézus végigment Galileán, tanított a zsinagógákban, meggyógyítva a betegségeket, feltámasztva a holtakat, és a mennyei királyság evangéliumát prédikálva a szegényeknek.

Az ördög és a Sátán felbujtotta a főpapokat, az írnokokat, valamint a farizeusokat, mert rajtuk keresztül akarta cselszövéssel megölni Jézust. Azonban a gonoszok meg sem érinthették Jézust egészen addig, amíg Isten nem engedte. Csak Jézus hároméves szolgálata végére engedte meg Isten, hogy letartóztassák és keresztre feszítsék Őt, hogy az emberiség megmentésének gondviselése megtörténjen az Ő keresztre feszítése által.

Megadva magát a zsidók nyomásának, Poncius Pilátus római kormányzó kereszt általi halálra ítélte Jézust, így a római katonák töviskoszorút raktak a fejére, míg a lábába és a kezébe szögeket vertek a kereszten.

A keresztre feszítés a bűnözők kivégzésének egyik legkegyetlenebb módszere volt. Amikor az ördögnek sikerült Jézust keresztre feszíttetni ezen a gonosz módon és gonosz emberek segítségével, mennyire örülhetett! Azt várta, hogy senki és semmi nem akadályozhatja meg az uralkodását a földön, és örömmel énekelt és táncolt. Azonban ebben is Isten gondviselése látható.

Hanem Istennek titkon való bölcseségét szóljuk, azt az elrejtett, melyet öröktől fogva elrendelt az Isten a mi dicsőségünkre; Melyet e világ fejedelmei közül senki sem ismert, mert ha megismerték volna, nem feszítették volna meg a dicsőség Urát (Pál levele a korinthusiakhoz 2,7-8).

Mivel Isten igazságos, Ő nem gyakorolja a hatalmát egészen addig, amíg a törvényt megszegik, hanem mindent a spirituális törvénynek megfelelően tesz. Ezért Isten törvényének megfelelően Ő előkészítette az utat az emberiség megmentésére, az ősidők óta.

A spirituális birodalom törvényének megfelelően, amely ezt mondja: „a bűn fizetsége a halál" (Pál levele a rómaiakhoz 6,23), ha egy egyén nem bűnözik, nem érhet el a halálig. Azonban az ördög keresztre feszítette a bűntelen, folttalan Jézust. Ennélfogva az ördög megsértette a spirituális birodalom törvényét, és úgy kellett ezért megfizetnie, hogy visszaadta a hatalmat, amit annakidején Ádámtól kapott, miután az elkövette az engedetlenség bűnét. Más szóval, az ördög most kénytelen volt feladni az emberek fölötti hatalmát, akik elfogadták Jézust, mint Megmentőjüket, és hittek az Ő nevében.

Ha az ellenséges ördög tudott volna Isten bölcsességéről, nem feszítette volna keresztre Őt. Mivel azonban ezt a titkot nem tudta, megölette az ártatlan Jézust, azt gondolva, hogy ezzel bebiztosítja a hatalmát a világ fölött, örökre. Azonban a valóságban az ördög a saját csapdájába esett, mivel megsértette a spirituális világ törvényét. Mennyire csodálatos Isten bölcsessége!

Az igazság az, hogy az ellenséges ördög egy eszközzé vált Isten gondviselésének megvalósításában, amely az emberiség megmentéséről szól, és ahogy azt a Genezisben megjósolták, a feje megsérült az asszony magja által.

Isten gondviselése és bölcsessége által a bűntelen Jézus meghalt, hogy az emberiséget megmentse a bűntől, és mivel a harmadik napon föltámadt, Ő megtörte a halál tekintélyét, és a királyok Királyává vált, meg az urak Urává. Megnyitotta az üdvösség kapuját, hogy a Jézus Krisztusba vetett hitünk által feloldoztassunk.

Ezért számos ember a történelem során megmenekült a Jézus Krisztusba vetett hite által, és nagyon sokan ma fogadják el az Úr Jézus Krisztust.

A Jézusba vetett hit által a Szentlélek is leszáll az embereknek

Miért üdvözülünk, ha hiszünk Jézus Krisztusban? Amikor elfogadjuk Jézus Krisztust, mint Megmentőnket, Istentől megkapjuk a Szentlelket. Amikor a Szentlelket megkapjuk, az addig halott lelkünk feléled. Mivel a Szentlélek Isten hatalma és szíve, elvezeti Isten gyermekeit az igazságba, és segíti őket, hogy Isten akarata szerint éljenek.

Így azok, akik valóban hisznek Jézus Krisztusban, mint Megmentőjükben, követni fogják a Szentlélek kívánságait és igyekezni fognak, hogy Isten szava szerint éljenek. Megszabadítják magukat a gyűlölettől, dühtől, féltékenységtől, irigységtől, mások elítélésétől, és ehelyett a jóságban és igazságban fognak járni, és megértik a többi embert, valamint szolgálják és szeretik őket.

Amint korábban írtam, az első ember, Ádám bűnözött, mert evett a jó és a rossz tudásának a fájáról, és ezzel a szellem az emberben meghalt, ő meg rátért a rombolás útjára. Azonban amikor megkapjuk a Szentlelket, a halott lelkeink felélednek, és amennyire keressük a Szentlélek kívánságait, és amennyire Isten igaz szavában járunk, fokozatosan az igazság embereivé válunk, és visszanyerjük Isten elveszett képét.

Amikor Isten igaz szavában járunk, a hitünket elismerik, mint „igaz hit", és mivel Jézus Krisztus vére megtisztítja a bűneinket, a hitbeli cselekedeteinknek megfelelően, üdvözülhetünk. Ezért János első levele 1,7 ezt mondja nekünk: *„Ha pedig a világosságban járunk, a mint ő maga a világosságban van: közösségünk van egymással, és Jézus Krisztusnak, az ő Fiának vére megtisztít minket minden bűntől."*

Ily módon érjük el az üdvösséget a hitünkkel, miután a bűneink bocsánatot nyertek. Azonban ha továbbra is a bűnben járunk a hitbeli vallomásaink ellenére, ez a vallomás hazugság lesz, és így az Úr Jézus vére nem tud megváltani minket a bűneinktől, és nem is garantált az üdvösségünk.

Természetesen más a történet, ha olyan emberekről van szó, akik éppen hogy elfogadták Jézust. Még ha nem is járnak még az igazságban, Isten meg fogja vizsgálni a szívüket, elhiszi, hogy meg fognak változni, és elvezeti őket az üdvösségre, ha megpróbálnak az igazságban járni.

# Jézus beteljesíti a próféciákat

Jézus teljesítette be Isten szavát a Messiásról, melyet a próféták jövendöltek meg. Jézus életének minden aspektusa, az Ő születésétől és szolgálatától a haláláig, valamint a keresztre feszítéstől a feltámadásig, mind Isten gondviseléséből történt, hogy Ő a teljes emberiség Messiásává és Megmentőjévé válhasson.

Jézus egy Szűztől született Betlehemben

Isten megjövendölte Jézus születését Ézsaiás próféta által. Egy Isten által kiválasztott időpontban, Isten, a Leghatalmasabb hatalma rászállt egy tiszta nőre, akit Máriának hívtak Názáretben, Galileában, és ő hamar teherbe esett.

Ezért ád jelt néktek az Úr maga: Ímé, a szűz fogan méhében, és szül fiat, s nevezi azt Immánuelnek (Ézsaiás 7,14).

Isten megígérte Izrael népének, hogy „a királyok vonalának nem lesz vége Dávid házában". Isten úgy akarta, hogy a Messiás egy Mária nevű asszonytól érkezzen, akinek Józsefhez kellett

79
A Messiás, akit Isten küldött

feleségül mennie, aki Dávid leszármazottja volt. Mivel Ádám utóda is volt, és így az eredeti bűn örököse is, nem tudta az emberiséget megmenteni a bűnöktől; Isten megengedte, hogy a jóslat beteljesedjen úgy, hogy Mária megszülte Jézust, mielőtt ő és József összeházasodtak volna.

De te, Efratának Bethleheme, bár kicsiny vagy a Júda ezrei között: belőled származik nékem, a ki uralkodó az Izráelen; a kinek származása eleitől fogva, öröktől fogva van (Mikeás 5,2).

A Biblia megjósolta, hogy Jézus Betlehemben fog megszületni. Valóban, Jézus Betlehemben született, Júdeában Heródes király idején (Máté evangéliuma 2,1), és a történelem tanúsítja ezt az eseményt.

Amikor Jézus megszületett, Heródes király féltette a királyságát, és megpróbálta megöletni őt. Mivel azonban képtelen volt megtalálni a csecsemőt, az összes fiúgyermeket kétévesig és azon felül megölette Betlehemben és a környéken is, és így nagy sírás és gyász volt a környéken.

Ha Jézus nem a zsidók igaz királyaként jött volna erre a világra, miért áldozott volna fel egy király annyi gyermeket, hogy Őt megölje? Ez a tragédia azért következhetett be, mert az ellenséges ördög, amely meg akarta ölni a Messiást azért, mert félt, hogy elveszíti a hatalmát a világ fölött, megmozdította Heródes király szívét, aki féltette a koronáját, és az megengedte neki, hogy ezt az atrocitást elkövesse.

Jézus az Élő Istent tanúsítja

Mielőtt elkezdte volna a szolgálatát, Jézus teljesen megtartotta a Törvényt élete 30 évében. És amikor elég idős volt ahhoz, hogy lelkész legyen, elkezdte a Szolgálatát teljesíteni, hogy a Messiássá váljon, ahogy az idő előtt el volt ez tervezve.

Az Úr Isten lelke van én rajtam azért, mert fölkent engem az Úr, hogy a szegényeknek örömöt mondjak; elküldött, hogy bekössem a megtört szívűeket, hogy hirdessek a foglyoknak szabadulást, és a megkötözötteknek megoldást; Hogy hirdessem az Úr jókedvének esztendejét, és Istenünk bosszúállása napját; megvígasztaljak minden gyászolót; Hogy tegyek Sion gyászolóira, adjak nékik ékességet a hamu helyett, örömnek kenetét a gyász helyett, dicsőségnek palástját a csüggedt lélek helyett, hogy igazság fáinak neveztessenek, az Úr plántáinak, az Ő dicsőségére! (Ézsaiás próféta könyve 61,1-3).

Amint a fenti próféciában látjuk, Jézus minden problémát az életben Isten segítségével oldott meg, és megvigasztalta a meggyötört szívűeket. Amikor eljött az Isten által kiválasztott idő, Jézus Jeruzsálembe ment, hogy elszenvedje a passiót.

Örülj nagyon, Sionnak leánya, örvendezz, Jeruzsálem leánya! Ímé, jön néked a te királyod; igaz és szabadító ő; szegény és szamárháton ülő, azaz nőstényszamárnak vemhén. (Zakariás 9,9).

Zakariás próféciájának megfelelően Jézus szamárháton ment Jeruzsálem városába. A tömegek ezt kiáltották: *"Az előtte és utána menő sokaság pedig kiált vala, mondván: Hozsánna a Dávid fiának! Áldott, a ki jő az Úrnak nevében! Hozsánna a magasságban!"* (Máté evangéliuma 21,9), és izgalom lett szerte a városban. Az emberek örültek, mivel Jézus csodálatos jeleket mutatott a vízen járva, és a holtakat feltámasztva. Azonban hamarosan a tömeg elárulja majd és keresztre feszíti Őt.

Amikor azt látták, hogy nagy tömeg követi Jézust, hogy az Ő tekintélyes szavait hallják, és Isten hatalmának megnyilvánulását lássák, a papok, farizeusok és az írnokok úgy érezték, hogy a társadalmi pozíciójuk veszélyeztetve van. Mivel Jézust nagyon utálták, összeesküvést szerveztek a megölésére. Hamis bizonyítékokat gyártottak Jézus ellen, és azzal vádolták Őt, hogy becsapta és felbujtotta az embereket. Jézus Isten hatalmának nagyszerű munkáit mutatta, amire nem lett volna képes, ha Isten nincsen vele, azonban ennek ellenére meg akartak szabadulni Tőle.

Végül Jézus egyik tanítványa elárulta Őt, és a papok harminc ezüstöt fizettek neki azért, mert segített nekik elfogni Jézust. Zakariás próféciája a harminc ezüstről, amely szerint: *"És harmincz ezüst pénzt fizettek béremül. Vevém azért a harmincz ezüst pénzt, és vetém azt az Úrnak házába, a fazekas elé"*, beteljesedett (Zakariás 11,12-13).

Később ez az ember, aki harminc ezüstért elárulta Jézust, nem tudta legyőzni a bűntudatát, és a pénzt a templom szentélyébe dobta, azonban a papok ezt a pénzt arra költötték, hogy egy fazekas földjét megvegyék (Máté evangéliuma 27,3-10).

A Passió és Jézus halála

Amint Ézsaiás próféta megjósolta, Jézus azért szenvedte el a Passiót, hogy az összes embert megmentse. Mivel Jézus azért jött erre a világra, hogy megmentse az emberiséget a bűnöktől, egy fakeresztre feszítették, ahol meghalt. Ez volt az átok szimbóluma, és Jézust, mint engesztelő áldozatot áldozták fel az emberiségért.

Pedig betegséginket ő viselte, és fájdalmainkat hordozá, és mi azt hittük, hogy ostoroztatik, verettetik és kínoztatik Istentől! És ő megsebesíttetett bűneinkért, megrontatott a mi vétkeinkért, békességünknek büntetése rajta van, és az ő sebeivel gyógyulánk meg. Mindnyájan, mint juhok eltévelyedtünk, kiki az ő útára tértünk; de az Úr mindnyájunk vétkét ő reá veté. Kínoztatott, pedig alázatos volt, és száját nem nyitotta meg, mint bárány, mely mészárszékre vitetik, és mint juh, mely megnémul az ő nyírők előtt; és száját nem nyitotta meg! A fogságból és ítéletből ragadtatott el, és kortársainál ki gondolt arra, hogy kivágatott az élők földéből, hogy népem bűnéért lőn rajta vereség?! És a gonoszok közt adtak sírt néki, és a gazdagok mellé [jutott] kínos halál után: pedig nem cselekedett hamisságot, és álnokság sem találtatott szájában. És az Úr akarta őt megrontani betegség által; hogyha önlelkét áldozatul adja, magot lát, és napjait meghosszabbítja, és az Úr akarata az ő keze által jó szerencsés lesz (Ézsaiás próféta könyve 53,4-10)

Az Ótestamentum ideje alatt valahányszor egy ember Ellene vétkezett, egy állat vérét ajánlotta fel Neki. Azonban Jézus a Saját vérét ontotta, amely nem volt terhes sem az eredeti bűntől, sem saját bűnöktől, és „egyetlen áldozatot kínált az összes bűnért", hogy minden egyes ember bocsánatot nyerjen a bűne alól, és örök életet nyerjen (A zsidókhoz írt levél 10,11-12). Ily módon kijárta a bűnök bocsánatának az útját a Jézus Krisztusba vetett hit által, és már nem szükséges az állatok vérének feláldozása.

Amikor Jézus az utolsót lehelte a kereszten, a templom fátyla kettéhasadt, fentről egész végig hosszában (Máté evangéliuma 27,51). A templom fátyla egy nagy függöny volt, mely elválasztotta a Szentek Szentjét a Templomban lévő Szent Helytől, ahová hétköznapi emberek nem tudtak bemenni. Kizárólag a főpap tudott bemenni ide, évente egyszer.

Az a tény, hogy „a templom fátyla kettéhasadt, fentről egész végig hosszában" azt jelképezi, hogy amikor Ő feláldozta Magát kiengesztelésül, Jézus leborította a falat, amely Isten és köztünk, emberek között áll. Az Ótestamentum idején a főpapoknak áldozatot kellett bemutatniuk Izrael népének megváltása érdekében, és Istenhez imádkoztak az ő nevükben. Most, hogy ez a fal leomlott, magunk is kommunikálhatunk Istennel. Más szavakkal, bárki, aki hisz Jézus Krisztusban bemehet Isten szent szentélyébe, imádhatja Őt, és imádkozhat Érte ott.

Azért részt osztok néki a nagyokkal, és zsákmányt a hatalmasokkal oszt, mivelhogy életét halálra adta, és a bűnösök közé számláltatott; pedig ő sokak bűnét hordozá, és a bűnösökért imádkozott! (Ézsaiás próféta könyve 53,12).

Ézsaiás próféta lejegyezte a Passiót és a Messiás keresztre feszítését, és Jézus valóban meghalt a kereszten az összes ember bűne miatt. Még amikor a kereszten haldoklott, akkor is azt kérte Istentől, hogy bocsásson meg azoknak, akik ezt teszik vele.

Jézus pedig monda: Atyám! bocsásd meg nékik; mert nem tudják mit cselekesznek. Elosztván pedig az ő ruháit, vetének reájok sorsot (Lukács evangéliuma 23,34).

Amikor Ő meghalt a kereszten, a zsoltáríró szava, amely szerint *„Megőrzi minden csontját, egy sem töretik meg azokból"* (Zsoltárok könyve 34,20), beteljesedett. A beteljesedését láthatjuk János evangéliuma 19,32-33 verseiben: *„Eljövének azért a vitézek, és megtörék az elsőnek lábszárait és a másikét [is,] a ki ő vele együtt feszíttetett meg; Mikor pedig Jézushoz érének és látják vala, hogy ő már halott, nem törék meg az ő lábszárait."*

Jézus beteljesíti a szolgálatát azért, hogy Ő lehessen a Messiás

Jézus az emberiség bűneit Magán viselte a kereszten is, és meghalt értünk, mint a bűnökért feláldozott áldozat, azonban az üdvösség gondviselése nem Jézus halálával valósult meg. Ahogy a 16,10 Zsoltárban megjövendölték: „Mert nem hagyod lelkemet a Seolban; nem engeded, hogy a te szented rothadást lásson" és a 118,17 Zsoltárban, „*Nem halok meg, hanem élek, és hirdetem az Úrnak cselekedeteit!"* Jézus teste nem enyészett el, és a harmadik napon feltámadt.

A 68,18-as zsoltárban további próféciát találunk: „*Felmentél a magasságba, foglyokat vezettél, adományokat fogadtál emberekben: még a pártütők is [ide jönnek] lakni, oh Uram Isten!"* Jézus a mennybe ment és az utolsó napokig vár, amikor befejezi az emberiség művelését, és felvezeti az embereket a Mennyországba.

Könnyen láthatjuk, hogy minden, amit Isten megjósolt a Messiással kapcsolatban, az Ő prófétái által teljesen megvalósult Jézus Krisztuson keresztül.

Jézus halála, és az Izraellel kapcsolatos próféciák

Isten kiválasztottja, Izrael nem ismerte fel Jézust, mint Messiást. Ennek ellenére Isten nem hagyta el az Ő kiválasztott népét, és jelenleg is teljesíti Izrael megmentését az Ő gondviseléséből.

Jézus keresztre feszítésével Isten Izrael jövőjét megjövendölte, az Ő hatalmas, irántuk érzett szeretete által, és a vágy által, hogy higgyenek a Messiásban, akit Isten küldött, hogy üdvözüljenek.

Szenvedés Izraelért, aki keresztre feszítette Jézust

Bár Poncius Pilátus, mint római kormányzó keresztre feszíttette Jézust, a zsidók győzték meg Pilátust, hogy meghozza ezt a döntést. Pilátus tudatában volt annak, hogy Jézust alaptalanul ölnék meg, azonban a tömegek nyomást gyakoroltak rá, Jézus keresztre feszítését követelték, és még egy felkelést is szítottak.

Amikor eldöntötte, hogy Jézust keresztre feszítteti, Pilátus kezet mosott, és ezt mondta a tömegeknek: „Ártatlan vagyok ez igaz embernek vérétől" (Máté evangéliuma 27,24) Válaszul a zsidók ezt kiáltották: „Az ő vére mi rajtunk és a mi magzatainkon!" (Máté evangéliuma 27,25)

Időszámításunk szerint 70-ben Jeruzsálem elesett a római

generális, Titusz előtt. A Templomot tönkretették, és a túlélők kénytelenek voltak elmenekülni és a világban szétszóródni. Így elkezdődött a diaszpóra, mely majdnem 2.000 évig tartott. A diaszpóra ideje alatt Izrael népének a kínjait nem lehet szavakkal kifejezni.

Amikor Jeruzsálem elesett, körülbelül 1,1 millió zsidót lemészároltak, míg a második világháborúban körülbelül hatmilliót öltek meg közülük a nácik. Amikor náci gyilkolás történt, a zsidókat meztelenre vetkőztették, ami Jézus meztelenül történt keresztre feszítésére emlékeztet.

Természetesen Izrael nézőpontjából akár azt is lehet állítani, hogy ez nem azért történt, mert Jézust keresztre feszítették. Izrael történelmére visszatekintve azonban könnyen látható, hogy Izrael és a népe mindig Isten védelme alatt állt, és amikor Isten akarata szerint éltek, virágzott az ország. Amikor eltávolodtak Isten akaratától, az izraelitákat megfegyelmezték, és szenvedésnek és megpróbáltatásoknak tették ki őket.

Tudjuk, hogy a szenvedésük nem ok nélkül volt. Ha Jézus keresztre feszítése helyes lett volna Isten szemében, akkor miért hagyta volna Isten Izraelt vég nélküli és kemény nyomorúság között oly hosszú ideig?

Jézus ruhái és tunikája, és Izrael jövője

Egy másik incidens, amely előre jelezte az Izraellel történő dolgokat Jézus keresztre feszítésének helyén történt. Ahogy a 22,18-es zsoltárban olvashatjuk, „*Megosztoznak ruháimon, és köntösömre sorsot vetnek,"* a római katonák elvették Jézus ruháit és négy részre osztották, egyet mindeniknek, míg a tunikáját kisorsolták, és egyikük elvihette.

Hogyan kapcsolódik ez az esemény Izrael jövőjéhez? Mivel Jézus a zsidók királya, az Ő ruhái Isten kiválasztottjait, Izrael államot és népét szimbolizálják. Amikor Jézus ruháit négy részre szakították, és alaktalanná váltak, ez Izrael állam megsemmisítését szimbolizálta. Mivel a felső ruházat anyaga megmaradt, ez az esemény azt jelezte, hogy bár Izrael állam el fog tűnni majd, az Izrael név fennmarad.

Mit jelképez ez a tény, hogy a római katonák négy részre szakították, egyet mindeniknek? Azt, hogy Izrael népét Róma tönkreteszi és szétszóratja. Jeruzsálem eleste és az állam szétesése is ezt a próféciát teljesítette be, aminek következtében a zsidók kénytelenek voltak a világ minden táján szétszóródni.

János evangéliumának 19,23 verse ezt tartalmazza Jézus tunikájáról: *„A köntös pedig varrástalan vala, felülről mindvégig szövött."* Az a tény, hogy a tunika „varrás nélküli" volt, azt jelképezi, hogy nem arról van szó, hogy több réteget varrtak egybe a ruhadarab megalkotásakor.

A legtöbb ember nem gondolkodik azon, hogy hogyan készültek el a ruhái. Akkor miért beszél ilyen részletesen a Biblia Jézus ruháinak a szerkezetéről? Ebben Izrael népének a történelmével kapcsolatos jövendölések jelennek meg.

Jézus tunikája Izrael népének szívét jelképezi, azt a szívet, amellyel Istent szolgálják. A tény, hogy a tunika „varrástalan vala, felülről mindvégig szövött" Izrael szívét jelképezi Isten irányában, mely Jákobtól, a hit ősatyjától kezdődött, és semmilyen körülmény hatására nem törik meg.

Ábrahám, Izsák és Jákob után a Tizenkét Törzs egy nemzetet alkotott, és Izrael népe ragaszkodott a tisztaságához, mivel nem házasodott az idegenekkel. Miután az ország két részre szakadt, északon Izrael királyságával, és délen Júdea királyságával, az északiak keveredtek, azonban Júdea homogén nemzet maradt. Még ma is, a zsidók fenntartják az identitásukat, amely egészen a hit-ősatyákig vezethető vissza.

Ennélfogva, bár Jézus felső ruházata darabokra szakadt, a tunikája egészben megmaradt. Ez azt jelképezi, hogy bár Izrael állam megszűnhet létezni, Izrael népének hite és Istennek mutatott szíve nem oltható ki.

Mivel a szívük nem inogott meg, Isten kiválasztotta őket, és általuk végrehajtja az Ő tervét, és még manapság is ez teszi. Még a millennium után is, Izrael népe szigorúan betartja a Törvényt. Ez azért van, mert ez a nép Jákob állhatatos szívét örökölte.

Ennek eredményeképpen 1900 évvel az után, hogy az országukat elveszítették, Izrael népe sokkolta a világot, amikor kijelentették, hogy 1948. május 14-én visszaállítják az államukat, és kinyilvánítják a függetlenségüket.

És fölveszlek titeket a pogányok közül, s egybegyűjtelek

*titeket minden tartományból, és beviszlek titeket a ti
földetekre* (Ezékiel próféta könyve 36,24).

*És laktok azon a földön, melyet adtam atyáitoknak,
és lesztek nékem népem s én leszek néktek Istenetek*
(Ezékiel próféta könyve 36,28).

Amint az Ótestamentumban megjövendölték, „Sok idő
mulva kirendeltetel: esztendők végével bejösz a földre" Izrael
népe elkezdett beszivárogni Palesztinába, és újra megalapított
egy államot (Ezékiel próféta könyve 38,8). Azzal, hogy a világ
egyik erős országává fejlődött, Izrael még egyszer megmutatta a
világnak, hogy nemzetként felsőbbrendű jegyekkel bír.

Isten azt szeretné, hogy Izrael népe készüljön Jézus visszatérésére

Isten azt szeretné, hogy az újjáépített Izrael készüljön a
Messiás visszatérésére. Jézus Izrael földjére körülbelül 2.000 évvel
ezelőtt jött, teljesen beteljesítette az emberiség megmentésének
gondviselését, és számunkra a Messiás és a Megmentő lett Ő.
Amikor felment a mennybe, megígérte, hogy vissza fog jönni, és
most Isten azt szeretné, ha az Ő választott népe igaz szívvel várná
a Messiás visszatérését.

Amikor Jézus Krisztus, a Messiás újból eljön, nem egy kopott
istállóba érkezik, hogy elszenvedje a kereszt büntetését úgy, mint
kétezer évvel ezelőtt. Ehelyett mennyei házigazdák és angyalok

társaságában, és az ő urukként fog megjelenni, mint a Királyok Királya és Urak Ura Isten dicsőségében, hogy az egész világ lássa.

Ímé eljő a felhőkkel; és minden szem meglátja őt, még a kik őt által szegezték is; és siratja őt e földnek minden nemzetsége. Úgy van. Ámen (A jelenések könyve 1,7).

Amikor eljön az idő, minden ember, függetlenül attól, hogy hívő vagy nem, megtapasztalja az Úr eljövetelét a levegőben. Azon a napon mindenki, aki elhiszi, hogy Jézus a Megmentő, minden nemzetből, felemelkedik a felhők közé, és részt vesz a lakodalmi banketten, azonban a többiek lent maradnak, hogy gyászoljanak.

Isten elkezdte valamikor az emberiség művelését Ádámmal, az első emberrel, és bizonyosan ennek a folyamatnak lesz egyszer egy vége is. Ahogy a földműves elveti a magot és betakarítja a termést, az emberiség művelésében is lesz egy olyan idő, amikor megtörténik a betakarítás. Az emberiség művelése Isten által majd a Messiás, Jézus Krisztus második eljövetelével ér véget.

Jézus ezt mondja nekünk a Jelenések könyve 22,7-ben: „Ímé eljövök hamar. Boldog, a ki megtartja e könyv prófétálásának beszédeit." A mi időnk már az utolsó napokra esik. Az Ő végtelen szeretetében Izrael felé Isten állandóan felvilágosítja az embereket a történelmük által, hogy elfogadják a Messiást. Isten nemcsak az ő kiválasztottai, Izrael népe számára kívánja, hogy elfogadják Jézus Krisztust a vég előtt, hanem a teljes emberiség számára is természetesen ezt kívánja.

A zsidó biblia, melyet Ótestamentumként ismernek a keresztények

Harmadik fejezet
Isten, akiben Izrael hisz

A Törvény és a tradíció

Amíg Isten az Ő kiválasztott népét, Izraelt kivezette Egyiptomból és bevezette Kánaánba, az ígéret földjére, Ő leszállt a Sínai hegy tetejére. Aztán az ÚRISTEN elhívta Mózest, az Exodus vezetőjét magához, és azt mondta neki, hogy a papok, amikor Istenhez közelítenek, fel kell szentelniük magukat. Ezen kívül Isten Mózes által megajándékozta az emberiséget a Tízparancsolattal, és számos más törvénnyel.

Amikor Mózes hivatalosan elmondta az embereknek Jehova-Isten minden szavát és rendeletét, ők egyhangúan ezt válaszolták: *„Elméne azért Mózes, és elbeszélé a népnek az Úr minden beszédét és minden rendelését; az egész nép pedig egyezõ szóval felele, mondván: Mindazokat a dolgokat, a melyeket az Úr parancsolt, megcselekeszszük"* (Exodus 24,3). Azonban amíg Mózes a Sínai hegyen volt Isten hívásának megfelelően, az emberek rávették Áront, hogy egy tehenet megformázzon, és elkövették a bálványimádat nagy bűnét.

Hogy van az, hogy ekkora bűnt el tudtak követni annak ellenére, hogy Isten kiválasztott népe voltak? Az összes ember Ádám óta, aki elkövette az engedetlenség bűnét, az eredendő bűnnel terhelt természettel születik. Bűnre vannak kárhoztatva, még az előtt, hogy a szívüket körülmetélhetnék. Ezért küldte Isten az Ő egyetlen Fiát, és Jézus keresztre feszítése által Ő megnyitotta azt a kaput, amelyen át az emberiség bűnei bocsánatot nyerhetnek.

Miért adta Isten az embereknek a törvényt? A Tízparancsolat, amelyet Isten Mózes által adott az emberiségnek, a parancsok és rendeletek a Törvényként ismeretesek az emberek számára.

A Törvény által Isten elvezeti őket a tejjel és mézzel folyó földre

Azért adta Isten Izrael népének az Exodus törvényét, hogy élvezhessék az áldást, amellyel bemehetnek Kánaán tejjel és mézzel folyó földjére. Az emberek közvetlenül Mózestől kapták a törvényt, azonban nem tartották meg az Istennel kötött szerződést, és számos bűnt követtek el, mint a bálványimádás és a házasságtörés. Végül a legtöbben közülük meghaltak a bűneikben a sivatagban töltött 40 év alatt.

Mózes ötödik könyve Mózes utolsó szavainak megfelelően került lejegyzésre, és Isten szerződésére és a törvényekre vonatkozik. Amikor az Exodus első generációjának nagy része, Józsué és Káleb kivételével meghalt, Mózes komolyan sürgette a második és harmadik Exodus-generációt, hogy szeressék Istent, és engedelmeskedjenek az Ő parancsolatainak.

Most pedig, óh Izráel! mit kíván az Úr, a te Istened tőled? Csak azt, hogy féljed az Urat, a te Istenedet; hogy minden ő utain járj, és szeresd őt, és tiszteljed az Urat, a te Istenedet teljes szívedből, és teljes lelkedből, Megtartván az Úrnak parancsolatait és rendeléseit, a melyeket én ma parancsolok néked, hogy jól legyen dolgod! (Mózes ötödik könyve 10,12-13).

Isten azért adta nekik a Törvényt, mert azt akarta, hogy szívből engedelmeskedjenek neki, és az engedelmeskedésükkel megerősítsék az Isten iránti szeretetüket. Nem azért tette, hogy behatárolja vagy korlátozza őket, hanem azért, hogy elfogadhassa az engedelmes szívüket, és áldásokat nyújthasson nekik.

És ez ígék, a melyeket e mai napon parancsolok néked, legyenek a te szívedben. És gyakoroljad ezekben a te fiaidat, és szólj ezekről, mikor a te házadban ülsz, vagy mikor úton jársz, és mikor lefekszel, és mikor felkelsz. És kössed azokat a te kezedre jegyül, és legyenek homlokkötőül a te szemeid között. És írd fel azokat a te házadnak ajtófeleire, és a te kapuidra (Mózes ötödik könyve 6,6-9).

Ezekkel a versekkel Isten elmondta nekik, hogyan hordják a törvényt a szívükben, hogyan tanítsák és gyakorolják azt. Az idők során Isten parancsolatai, amint írva vannak Mózes öt könyvében megőrződnek, de a törvény megfigyelése kifelé is kifejezést nyer.

A Törvény és a bölcsek hagyománya

Például a törvény azt írja elő, hogy a szombatot meg kell őrizni ünnepként, és a bölcseknek fel kell ügyelniük a részletes hagyományokat, és nem szabad bizonyos dolgokat megtenniük, mint például nem szabad automata ajtókat, lifteket használniuk, nem nyithatják ki a leveleket, csomagokat, útleveleket és üzleti levelezést. Mi lett a bölcsek hagyományából?

Amikor Isten Temploma tönkrement, és Izrael népét a babilóniai fogságba vitték, azt hitték azért történt, mert nem szolgálták Istent teljes szívükből. Megfelelőbben kellett szolgálniuk Istent, és azokra a helyzetekre is kellett alkalmazniuk a törvényt, amelyek az idő múlásával változtak, és ezért számos nagyon szigorú törvényt szabtak.

Ezek a szabályok Isten teljes szolgálata szellemében születtek. Más szavakkal, számos részletes szabályozással az élet minden területét megszabták, hogy a mindennapi életükben meg tudják tartani a törvényt.

Néha a szigorú szabályok látszólag a törvényt védték. Az idő múlásával a törvény igaz jelentését elfelejtették, és fontosabbnak tekintették a törvény megfigyelésének külsőségeit. Ily módon teljesen eltávolodtak a törvény igazi jelentésétől.

Isten látja és elfogadja mindegyikük szívét a törvény

betartásában, de nem a cselekedetek külsőségeit tekinti fontosnak. Azért alkotta meg a Törvényt, hogy megkeresse azokat, akik valóban tisztelik Őt, és áldásokat ajándékozzon azoknak, akik engedelmeskednek Neki. Bár az Ótestamentum idején számos emberről úgy tűnt, hogy látszólag őrzi a Törvényt, nagyon nagy százalékuk megszegte azt.

„Vajha valaki közületek bezárná az ajtót, hiába ne tüzelnétek az én oltáromon! Nem telik kedvem bennetek, azt mondja a Seregeknek Ura; az ételáldozatot sem kedvelem a ti kezetekből!" (Malakiás 1,10).

Amikor a törvény tanárai és a bölcsek Jézust rágalmazták és elítélték az Ő tanítványait, nem azért volt, mert Jézus és az Ő tanítványai a törvény ellen szegültek, hanem mert megszegték a bölcsek hagyományát. Ezt jól leírja Máté evangéliuma.

Miért hágják át a te tanítványaid a vének rendeléseit? Mert nem mossák meg a kezeiket, mikor enni akarnak (Máté evangéliuma 15,2)

Ebben az időben Jézus felvilágosította őket azzal a ténnyel kapcsolatban, hogy nem Isten parancsolatait szegték meg, hanem igazából a bölcsek hagyományát érte sérelem. Természetesen fontos kívülről megfigyelni a törvényt cselekedetek közben, azonban ennél is fontosabb Isten igaz akaratát észrevenni, amely a törvényben mélyen benne van.

Jézus felelt nekik, és ezt mondta:

Ő pedig felelvén monda nékik: Ti meg miért hágjátok át az Isten parancsolatját a ti rendeléseitek által? Mert Isten parancsolta ezt, mondván: Tiszteld atyádat és anyádat, és: A ki atyját vagy anyját szidalmazza, halállal lakoljon. Ti pedig ezt mondjátok: A ki atyjának vagy anyjának ezt mondja: Templomi ajándék az, a mivel megsegíthetlek, az olyan akár ne is tisztelje az ő atyját vagy anyját. És erőtelenné tettétek az Isten parancsolatját a ti rendeléseitek által (Máté evangéliuma 15,3-6).

A következő versekben Jézus szintén ezt mondja:

Képmutatók, igazán prófétált felőletek Ésaiás, mondván: Ez a nép szájával közelget hozzám, és ajkával tisztel engemet; szíve pedig távol van tőlem. Pedig hiába tisztelnek engem, ha oly tudományokat tanítanak, a melyek embereknek parancsolatai (Máté evangéliuma 15,7-9).

Miután Jézus a tömeget magához hívta, ezt mondta nekik:

És előszólítván a sokaságot, monda nékik: Halljátok és értsétek meg: Nem az fertőzteti meg az embert, a mi a szájon bemegy, hanem a mi kijön a szájból, az fertőzteti meg az embert (Máté evangéliuma 15,10-11).

Isten gyermekeinek úgy kell tisztelniük a szüleiket, ahogy az a Tízparancsolatban található. De a farizeusok azt tanították az embereknek, hogy azok a gyermekek, akik a vagyonukkal szolgálják a szüleiket, felmenthetők a felelősség alól, amennyiben kijelentik, hogy a vagyonukat Istennek ajánlják fel. Olyan részletesen kidolgozták a szabályokat az élet minden területén, hogy az idegenek nem is merték szigorúan betartani a bölcsek e hagyományait, azt gondolták, hogy nagyon jól teljesítenek, mint Isten kiválasztott népe.

Isten, amelyben Izrael hisz

Amikor a szabbath napján Jézus meggyógyította a betegeket, a farizeusok elítélték Jézust, mert megtörte a szabbath törvényét. Egy napon Jézus bement egy zsinagógába, és látott egy embert, amint a farizeusok előtt állt. Jézus fel akarta ébreszteni őket, és kérdőre vonva őket, ezt mondta:

Azoknak pedig monda: Szabad-é szombatnapon jót vagy rosszat tenni? lelket menteni, vagy kioltani? De azok hallgatnak vala (Márk evangéliuma 3,4).

Ő pedig monda nékik: Kicsoda közületek az az ember, a kinek van egy juha, és ha az szombatnapon a verembe esik, meg nem ragadja és ki nem vonja azt?

Mennyivel drágább pedig az ember a juhnál! Szabad tehát szombatnapon jót cselekedni (Máté evangéliuma 12,11-12).

Mivel a farizeusok korábban az öregek hagyományán és az élet önzőségen alapuló viselkedésén és gondolatain alapuló törvény keretei között mozogtak, nemcsak hogy nem jöttek rá Isten igaz akaratára, mely a törvényben van, hanem Jézust sem ismerték fel, aki a földre úgy jött, mint a Megmentő.

Jézus gyakran kérte őket arra, hogy bánják meg bűneiket, és hagyják abba a bűnös cselekedeteiket. Szemükre vetette, hogy Isten igaz célját elhanyagolják, és csak a cselekedetek külsőségeire koncentráltak, amikor a törvényt megfigyelték.

Jaj néktek képmutató írástudók és farizeusok! mert megdézsmáljátok a mentát, a kaprot és a köményt, és elhagyjátok a mik nehezebbek a törvényben, az ítéletet, az irgalmasságot és a hívséget: pedig ezeket kellene cselekedni, és amazokat sem elhagyni (Máté evangéliuma 23,23).

Jaj néktek képmutató írástudók és farizeusok! mert megtisztítjátok a pohárnak és tálnak külsejét, belől pedig rakvák azok ragadománynyal és mértékletlenséggel (Máté evangéliuma 23,25).

Izrael népe, aki a Római Birodalom fennhatósága alá tartozott, elképzelte, hogy a Messiás nagy hatalommal és tisztelettel fog közéjük érkezni, és majd megszabadítja őket az elnyomóktól, és minden emberi faj minden nemzetén uralkodik majd.

Eközben egy ember született, egy ács fia, aki társául szegődött az elhagyottaknak, a betegeknek, és a bűnösöknek, aki Istent „Atyának" hívta, és ezt vallotta: Ő a Világ fénye. Amikor megfeddte őket a bűneikért, azok, akik a saját szabályaiknak megfelelően megtartották a törvényt és igazságosnak ítélték magukat, úgy érezték, hogy a szívükbe lándzsát szúrt, és ok nélkül keresztre feszítették Őt.

Isten azt szeretné, hogy szeretet és megbocsájtás legyen közöttünk

A farizeusok szigorúan figyelemmel kísérték a judaizmus előírásait, és a szokásokat és hagyományokat olyan értékesnek gondolták, mint a saját életüket. Az adót begyűjtő embereket, akik a Római Birodalomnak dolgoztak, bűnözőként kezelték, és elkerülték őket.

Máté evangéliumának 9,10 versétől kezdve azt látjuk, hogy Jézus egy Máté nevű adóhivatalnok házában pihen, és számos más adóhivatalnok is, és bűnöző szintén Jézussal és az Ő tanítványaival ebédel. Amikor a farizeusok meglátták ezt,

ezt mondták az Ő tanítványainak: "Miért eszik a tanítótok az adóhivatalnokokkal és a bűnösökkel?" Amikor Jézus meghallotta, hogy elítélik az Ő tanítványait, elmagyarázta nekik Isten szívének lényegét. Isten az Ő hibátlan szeretetét és kegyelmét bárkinek megadja, aki megbánja a bűneit a szíve mélyéből, és elfordul tőlük.

Máté evangéliuma 9,12-13 így folytatódik: *"Jézus pedig ezt hallván, monda nékik: Nem az egészségeseknek van szüksége orvosra, hanem a betegeknek. Elmenvén pedig tanuljátok meg, mi az: Irgalmasságot akarok és nem áldozatot. Mert nem az igazakat hivogatni jöttem, hanem a bűnösöket a megtérésre."*

Amikor a ninivei emberek gonoszsága elérte a mennyországot, Isten el akarta pusztítani Ninive városát. Azonban mielőtt ezt megtette volna, elküldte a prófétáját, Jónást, hogy megengedje nekik, hogy a bűneiket megvallják. Az emberek böjtöltek és alaposan megbánták a bűneiket, és Isten megváltoztatta a döntését, hogy tönkretegye őket. Azonban éppen a farizeusok voltak, akik azt gondolták, hogy bárki fölött, aki a törvényt megszegi, ítélkezni kell. A törvény legfontosabb része az állhatatos szeretet és a megbocsájtás, azonban a farizeusok azt gondolták, hogy elítélni valakit helyesebb, mint szeretettel megbocsájtani neki.

Hasonlóan, amikor nem értjük Isten szívét, aki a törvényt adta nekünk, a saját gondolataink és elméleteink szerint kell megítélnünk mindent, és ezek az ítéletek hibásak lesznek, és Isten elleniek.

Isten igazi célja azzal, hogy a Törvényt adta nekünk

Isten létrehozta a mennyet és a földet, és mindent bennük, és megalkotta az embert azzal a céllal, hogy igaz gyermeket nyerjen, aki Rá hasonlít majd. Ezzel a céllal Isten ezt mondta a gyermekeinek: „*legyetek szentek, mert én is szent vagyok*" (Mózes harmadik könyve 11,44). Arra int minket, hogy féljünk Tőle, amikor csak külsőségekben vagyunk istenkövetők, és válunk hibátlanná úgy, hogy a gonoszt kidobjuk a szívünkből. Jézus idejében a farizeusok és írástudók sokkal érdekeltebbek voltak az adományokban és mások cselekedeteinek külső megfigyelésében, mint abban, hogy a szívüket szentesítsék. Isten örömét leli a bűnbánó, bár megtört szívben, de nem a felajánlásokban (Zsoltár 51,16-17), tehát Ő megadta nekünk a Törvényt, hogy megbánhassuk a bűneinket, és annak segítségével elforduljunk a bűnöktől.

Isten igaz akarata, mely az Ótestamentum törvényében létezik

Nem következik mindebből az, hogy Izrael népe, aki a törvény megfigyelésekor a cselekedetek felszínét vizsgálta csak, nem szerette Istent egyáltalán. Azonban Isten azt akarta a leginkább, hogy a szívüket szentesítsék, és Ézsaiás próféta által komolyan megfeddte őket.

„Mire való nékem véres áldozataitoknak sokasága? ezt mondja az Úr; megelégeltem a kosok egészen égőáldozatait és a hízlalt barmok kövérét; s a tulkok, bárányok és bakok vérében nem gyönyörködöm; Ha eljöttök, hogy színem előtt megjelenjetek, ki kívánja azt tőletek, hogy pitvarimat tapossátok? Ne hozzatok többé hazug ételáldozatot, a jó illattétel útálat előttem; újhold, szombat s ünnepre-felhívás: bűnt és ünneplést el nem szenvedhetek"* (Ézsaiás 1,11-13).

A törvény betartásának külső jegyei nem ugyanazok, mint a szívből jövő akarat. Így Isten nem élvezi a sokszoros és felületes áldozat-felajánlásokat, amit rutinszerűen tesznek. Függetlenül attól, hogy hány áldozatot ajánlottak fel a törvény szerint, Istennek nem tetszettek, mert a szívük nem felelt meg Isten akaratának.

Az imáinkkal ugyanez a helyzet. Az ima cselekedete nem fontos, azonban a szívünk hozzáállása ima közben sokkal fontosabb. Egy zsoltáríró a 66,18-as zsoltárban ezt írja: „Ha hamisságra néztem volna szívemben, meg nem hallgatott volna az én Uram."

Isten megengedte az embereknek, hogy Jézus által megtudják: Neki nem tetszik a kétszínű vagy hencegő ima, csak az őszinte, és a szív legmélyéről feltörő ima.

És mikor imádkozol, ne légy olyan, mint a képmutatók, a kik a gyülekezetekben és az utczák szegeletein fenállva szeretnek imádkozni, hogy lássák őket az emberek. Bizony mondom néktek: elvették jutalmukat. Te pedig a mikor imádkozol, menj be a te belső szobádba, és ajtódat bezárva, imádkozzál a te Atyádhoz, a ki titkon van; és a te Atyád, a ki titkon néz, megfizet néked nyilván (Máté evangéliuma 6,5-6).

Ugyanez történik, amikor a bűneinket megbánjuk. Amikor ezt tesszük, Isten nem azt akarja, hogy a ruhánkat eltépjük és panaszkodjunk, hanem adjuk át a szívünket, bánjuk meg a bűneinket, teljes szívünkből. A megbánás cselekménye nem fontos önmagában, és amikor szívből megbánjuk a bűneinket, elfordulunk tőlük, Isten elfogadja a megbánást.

„De még most is így szól az Úr: Térjetek meg hozzám teljes szívetek szerint; böjtöléssel is, sírással is, kesergéssel is. És szíveteket szaggassátok meg, ne ruháitokat, úgy térjetek meg az Úrhoz, a ti Istenetekhez; mert könyörülő és irgalmas ő; késedelmes a haragra és nagy kegyelmű, és bánkódik a gonosz miatt" (Jóel 2,12-13).

Más szavakkal, Isten azok szívét fogadja el, akik a törvény

szerint cselekszenek, és nem azokét, akik megtartják a törvényt
felszínesen. Ezt úgy írhatjuk körül, mint „a szív körülmetélése",
és így szerepel a Bibliában. A testünket körülmetélhetjük, de a
szívünket csak úgy, ha átszúrjuk azt.

A szív körülmetélése, ahogy Isten akarja

Mire vonatkozik részletesen a szív körülmetélése? Azt
jelenti, hogy „az összes gonoszt és bűnt, beleértve az irigységet,
féltékenységet, dühöt, rossz gondolatokat, házasságtörést,
hamisságot, becsapást, ítélkezést és elítélést, kidobjuk a
szívünkből." Amikor eldobod a bűnöket és a gonoszt a szívedből,
és a törvényt betartod, Isten ezt a tökéletes engedelmesség
jeleként elfogadja.

*Metéljétek magatokat körül az Úrnak, és távolítsátok
el szívetek előbőreit, Júda férfiai és Jeruzsálem
lakosai, hogy fel ne gyúladjon az én haragom, mint
a tűz, és olthatatlanul ne égjen a ti cselekedeteitek
gonoszsága miatt* (Jeremiás próféta könyve 4,4).

*Metéljétek azért körül a ti szíveteket, és ne legyetek
ezután keménynyakúak* (Mózes ötödik könyve 10,16).

*Égyiptomot és Júdát, Edomot és az Ammon fiait,
Moábot és mindazokat, a kik nyírott üstökűek
[és] a pusztában laknak; mert mindez a nemzet*

körülmetéletlen, és Izráelnek egész háza [is] körülmetéletlen szívű (Jeremiás próféta könyve 9,26).

És körülmetéli az Úr, a te Istened a te szívedet, és a te magodnak szívét, hogy szeressed az Urat, a te Istenedet teljes szívedből és teljes lelkedből, hogy élj (Mózes ötödik könyve 30,6).

Az Ótestamentum gyakran arra biztat bennünket, hogy metéljük körül a szívünket, mivel csakis ezek az emberek képesek Istent teljes szívből és teljes lélekből szeretni. Isten azt szeretné, ha a gyermekei szentek és tökéletesek lennének. Mózes első könyvének 17,1 versében Isten azt mondta Ábrahámnak, hogy „hibátlan legyen", és a Mózes harmadik könyve 19,2-ben, azt parancsolja Izrael népének, hogy legyenek „szentek".

János 10,35 ezt mondja: *„Ha azokat isteneknek mondá, a kikhez az Isten beszéde lőn (és az írás fel nem bontható)"* és Péter 1,4 így folytatja: *„A melyek által igen nagy és becses ígéretekkel ajándékozott meg bennünket; hogy azok által isteni természet részeseivé legyetek, kikerülvén a romlottságot, a mely a kívánságban van e világon."*

Az Ótestamentum idején a törvény betartásának cselekedete által üdvözültek, míg az Újtestamentum idején akkor dicsőülhetünk meg, ha hiszünk Jézus Krisztusban, aki szeretettel beteljesítette a törvényt.

Az üdvözülés a cselekedetek által az Ótestamentum idején
lehetséges volt, ha az emberek csak gondoltak a házasságtörésre,
gyilkosságra, gyűlöletre és hazugságra, de nem követték el
ezeket. Az Ótestamentum idején a Szentlélek nem lakott az
emberekben, és a saját erejükből nem voltak képesek elűzni a
gonoszt maguktól. Amikor nem követtek el kívülről is látható
bűnöket, nem voltak bűnösök.

Azonban az Újtestamentum idején csak akkor
üdvözülhetünk, ha a szívünket körülmetéljük a hitünk által. A
Szentlélek tudomásunkra hozza a bűnt, az igazságot, az ítéletet,
és segít bennünket Isten szava szerint élni, hogy eldobhassuk
magunktól az igaztalan dolgokat és jellemvonásokat, és a
szívünket körülmetéljük.

A Jézus Krisztusba vetett hit általi üdvösség nem csak akkor
adatik meg nekünk, ha tudjuk és hisszük, hogy Jézus Krisztus a
Megmentő. Csak ha eldobjuk a gonoszt a szívünkből, mert Istent
szeretjük, és az igazságban járunk, hittel, akkor ítéli a hitünket
Isten igaznak, és vezet el bennünket nemcsak a teljes üdvösségre,
hanem a csodálatos válaszok és áldások útjára is.

Hogyan tegyünk Isten kedvére

Természetes, hogy Isten gyermeke nem bűnözhet a
cselekedeteiben. Az is természetes a számára, hogy az
igaztalanságot és a bűnös vágyakat a szívében megtagadja, hogy

Isten szentségére hasonlítson. Ha nem vétkezel a cselekedeteiddel, de bűnös vágyaid vannak, amelyek nem tetszenek Istennek, nem fog téged igaznak ítélni Ő.

Ezért találjuk Máté evangéliumának 5,27-28 verseiben ezt: „*Hallottátok, hogy megmondatott a régieknek: Ne paráználkodjál! Én pedig azt mondom néktek, hogy valaki asszonyra tekint gonosz kivánságnak okáért, immár paráználkodott azzal az ő szívében.*" És János első levelének 3,15 versében: „*A ki gyűlöli az ő atyjafiát, mind embergyilkos az: és tudjátok, hogy egy embergyilkosnak sincs örök élete, a mi megmaradhatna ő benne.*" Ez a vers arra biztat bennünket, hogy megszabaduljunk a szívünkben lévő gyűlölettől.

Hogyan kellene viselkedned az ellenségeiddel, akik gyűlölnek téged, hogy Isten akaratának eleget tegyél?

Az Ótestamentum idejéből való törvény ezt mondja nekünk: „Szemet szemért, fogat fogért." Más szóval, a törvény azt mondja: „*Amennyire megsebesített egy embert, ugyanoly mértékben róják ki rá a bűnét.*" Azért teszi azt ebben az időben, hogy a törvénnyel megelőzze azt, hogy valaki megsebesítsen egy másik embert, vagy ártson neki. Isten tudja, hogy az emberek a gonoszságuk miatt többet szeretnének visszaadni, mint amennyit el kellett szenvedniük.

Dávid királyt Isten szívéhez hasonlatosnak tartották. Amikor Saul király meg akarta ölni, Dávid nem viszonozta Saul sok gonoszságát, hanem az utolsó pillanatig jósággal kezelte. Dávid megérezte a törvény igaz jelentését, és csak Isten szava szerint élt.

Bosszúálló ne légy, és haragot ne tarts a te néped fiai ellen, hanem szeressed felebarátodat, mint magadat. Én vagyok az Úr (Mózes harmadik könyve 19,18).

Mikor elesik a te ellenséged: ne örülj; és mikor megütközik: ne vígadjon a te szíved (A példabeszédek könyve 24,17).

Ha éhezik, a ki téged gyűlöl: adj enni néki kenyeret; és ha szomjúhozik: adj néki inni vizet; (A példabeszédek könyve 25,21).

Hallottátok, hogy megmondatott: Szeresd felebarátodat és gyűlöld ellenségedet. Én pedig azt mondom néktek: Szeressétek ellenségeiteket, áldjátok azokat, a kik titeket átkoznak, jót tegyetek azokkal, a kik titeket gyűlölnek, és imádkozzatok azokért, a kik háborgatnak és kergetnek titeket (Máté evangéliuma 5,43-44).

A fenti verseknek megfelelően, ha látszatra betartod a törvényt, de nem bocsájtasz meg annak, aki árt neked, Isten nem lesz elégedett veled. Azért, mert Ő azt tanította nekünk, hogy szeressük az ellenségeinket. Amikor olyan szívvel tartod meg a törvényt, amilyent Isten szeret, akkor állíthatod, hogy teljesen betartod Isten szavát.

A Törvény, Isten szeretetének jele

A szeretet Istene végtelen áldásokat szeretne nekünk adni, azonban mivel ő az igazság Istene, nem tehet mást, mint az ördögnek adni minket, amennyiben bűnöket követünk el. Ezért van az, hogy néhány hívő megbetegszik, vagy balesettel, vagy szerencsétlenséggel találkozik, ha nem Isten szava szerint él.

Isten számos parancsot adott nekünk az Ő szeretetének jeléül, hogy megvédjen minket ezektől a fájdalmaktól és megpróbáltatásoktól. Hány utasítást adnak a szülők a gyerekeiknek, hogy megvédjék őket a betegségektől és balesetektől?

„Mossál kezet, amikor hazaérsz."
„Mossál fogat eves után."
„Nézzél szét, amikor átmész az utcán."

Hasonlóan, Isten azt mondta nekünk, hogy tartsuk be a parancsolatait a saját érdekünkben, és az Ő szeretetéért (Mózes ötödik könyve 10,13). Isten szavának megtartása és gyakorlása olyan, mint egy lámpa az életünkben. Függetlenül attól, hogy milyen sötétség van, biztonságban mehetünk a célpontunk felé egy lámpával, és hasonlóképpen, amikor Isten, mint egy lámpás velünk van, védelmet kapunk, és élvezhetjük azt, hogy Isten gyermekeinek privilégiumaiban és áldásaiban részesülhetünk.

Mennyire örül Isten, és milyen fényesek a szemei, amikor megvédi az Ő gyermekeit, akik az Ő szavának engedelmeskednek, és mindent megad nekik, amit csak kérnek! Ezek a gyermekek a szívüket tiszta és jó szívre cserélik, és hasonlítanak Istenre oly mértékben, amennyire betartják Isten szavát és annak engedelmeskednek, és megérzik Isten szeretetének mélységét, így még jobban szeretik Őt.

Isten törvénye olyan számunkra, mint a szeretet tankönyve, amely utasítást ad a legnagyobb áldásról nekünk, akik Isten művelése alatt állunk itt a földön. Isten törvénye nem hoz terheket számunkra, hanem mindenféle katasztrófától megvéd minket ezen a világon, amelyen az ellenséges ördög és a Sátán uralkodik, és elvezet minket az áldások ösvényére.

Jézus szeretettel teljesítette a Törvényt

Mózes ötödik könyvének 19,19-21 verseiben azt találjuk, hogy az Ótestamentum idejében, amikor az emberek a szemükkel követték el a bűnöket, a szemüket kiszúrták. Amikor a kezükkel vagy a lábukkal bűnöztek, ezeket levágták. Amikor gyilkoltak vagy házasságtörést követtek el, halálra kövezték őket.

A spirituális birodalom törvénye azt mondja nekünk, hogy a bűneink eredménye a halál. Ezért Isten komolyan megbüntette azokat, akik megbocsájthatatlan bűnöket követtek el, és így számos más embert arra akart figyelmeztetni Ő, hogy ne kövessék el ugyanezeket a hibákat.

Azonban a szeretet Istenének nem tetszett teljesen a hit, amellyel a törvényt megtartották, és ezt mondta: „Szemet szemért, fogat fogért." Ehelyett Ő azt hangsúlyozta az Ótestamentumban, hogy körül kell metélniük a szívüket. Isten nem akarta, hogy az emberek fájdalmat érezzenek a törvény következtében, és amikor az idő eljött, elküldte Jézust a földre, hogy magára vállalja az emberiség bűneit, és a törvényt szeretettel beteljesítse.

Jézus keresztre feszítése nélkül ma, amennyiben bűnt követünk el, levágnák a kezünket vagy a lábunkat. Azonban Jézus felvette a keresztet, és hagyta, hogy a vérét ontsák azzal, hogy a kezébe-lábába szögeket vertek, hogy a bűneinket lemossák, melyeket a kezünkkel és a lábunkkal követtünk el. Ma nem kell levágnunk a kezünket és a lábunkat, mivel Isten hatalmas szeretete létezik.

Jézus, aki egy a szeretet Istenével, lejött a földre, és szeretettel beteljesítette a törvényt. Olyan példamutató életet élt, amellyel Isten minden törvényét betartotta.

Bár Ő teljesen megtartotta a törvényt, nem ítélte el azokat, akik nem tették ugyanezt, soha nem mondta ezt nekik: „Megszegted a törvényt, és a halál felé tartasz." Ehelyett éjjel-nappal az igazságot tanította az embereknek, hogy akár egyetlen lélek is megvallhassa a bűneit és üdvözüljön, és megállás nélkül azon dolgozott, hogy a betegeket meggyógyítsa, és a démonokat kiűzze.

Jézus rendkívüli szeretete nagyon jól látszik abban a jelenetben, amikor egy asszonyt, akit házasságtörésen kaptak, Jézus elé viszik az írástudók és a farizeusok. János evangéliumának nyolcadik fejezetében az írástudók és farizeusok ezt kérdik Jézustól: „*A törvényben pedig megparancsolta nékünk Mózes, hogy az ilyenek köveztessenek meg: te azért mit mondasz?*" (5. vers) Jézus ezt válaszolta: „*A ki közületek nem bűnös, az vesse rá először a követ*" (7. vers).

Ezzel a mondatával Jézus arra akarta ráébreszteni őket, hogy nemcsak a nő, hanem ők maguk is – akik házasságtöréssel vádolták őt, és ürügyet kerestek arra, hogy Jézust megvádolják – ugyanolyan bűnösök voltak Isten szeme előtt, és senki sem veheti a bátorságot arra, hogy a másikat elítélje. Amikor az emberek ezt hallották, felébredt a lelkiismeretük, és egyenként elmentek. Jézust egyedül hagyták, míg az asszony a tömegben állt.

Jézus ezt mondta az asszonynak: „*Asszony, hol vannak azok a te vádlóid? Senki sem kárhoztatott-é téged?*" (10. vers) Az asszony ezt mondta: „Egy sincs, uram." És Jézus ezt mondta neki: „*Én sem kárhoztatlak: eredj el és többé ne vétkezzél!*" (11. vers).

Amikor a nőt előhozták és a megbocsájthatatlan bűnét feltárták, az nagyon megijedt. Így amikor Jézus megbocsájtott neki, el tudjuk képzelni a könnyeit és a meható köszönetnyilvánítását. Valahányszor eszébe jutott Jézus bocsánata és szeretete, nem merte többé megszegni a törvényt, és nem bűnözött. Ez azért volt lehetséges, mert találkozott Jézussal, aki a törvényt szeretettel teljesítette.

Jézus szeretettel beteljesítette a törvényt nemcsak emiatt a nő miatt, hanem a teljes emberiség miatt. Nem kímélte a saját életét, amelyet feláldozott a bűnösökért a kereszten, azokhoz a szülőkhöz hasonlóan, akik nem kímélik a saját életüket, amikor meg kell, hogy mentsék a fuldokló gyermeküket.

Jézus hibátlan és folttalan volt, Isten egyetlen Fia, aki elviselte az összes leírhatatlan bűnt, kiontotta a vérét és vizét, és az életét áldozta a kereszten értünk, bűnösökért. A keresztre feszítése az emberiség történelmének legszebb pillanata volt, amellyel megvalósította a legnagyobb szeretetet, amely valaha létezett.

Amikor az Ő szeretetének hatalma elér minket, erőt kapunk arra, hogy teljesen betartsuk a törvényt, úgy, ahogy Jézus tette. Ha Jézus nem teljesítette volna a törvényt, hanem ítélkezett volna annak hatalmával, és elfordította volna a Szemeit rólunk, bűnösökről, hány ember üdvözülhetett volna vagy üdvözülne a világon? Ahogy a Bibliában írva találjuk: *"A mint meg van írva, hogy nincsen csak egy igaz is"* (A rómaiakhoz írt levél 3,10), senki nem üdvözülhetne.

Ezért Isten gyermekeinek, akiknek a bűneit megbocsájtották, nagy szeretettel, nemcsak hogy szeretniük kell Őt – azzal, hogy betartják az Ő törvényét alázatos szívvel – hanem a szomszédjaikat is szeretniük és szolgálniuk kell úgy, mint önmagukat.

Azok, akik a törvény által ítélkeznek, és elítélnek másokat

Jézus a törvényt a nagy szeretetével teljesítette be, és a teljes emberiség megmentőjévé vált, de mit tettek a farizeusok, az írástudók, és a törvény tanítói? Kitartottak amellett, hogy a törvényt külsőségekben kell betartani, ahelyett, hogy a szívüket Istennek szentelték volna, ahogy Isten akarta, de ők azt gondolták, hogy így is tökéletesen betartották azt. Ráadásul nem bocsájtottak meg azoknak, akik a törvényt nem tartották be, hanem ítélkeztek fölöttük, elítélve őket.

A mi Istenünk soha nem akarja azt, hogy mások fölött ítélkezzünk, szeretet és kegyelem nélkül. És azt sem akarja, hogy fáradsággal betartsuk a törvényt úgy, hogy soha nem tapasztaljuk meg Isten szeretetét. Ha betartjuk a törvényt, de nem értjük meg Isten szívét, és nem szeretettel tesszük, semmilyen hasznunk nem származik belőle.

És ha jövendőt tudok is mondani, és minden titkot és minden tudományt ismerek is; és ha egész hitem van is, úgyannyira, hogy hegyeket mozdíthatok ki helyökről, szeretet pedig nincsen én bennem, semmi vagyok. És ha vagyonomat mind felétetem is, és ha testemet tűzre adom is, szeretet pedig nincsen én bennem, semmi hasznom abból (Pál első levele a korinthusiakhoz 13,2-3).

Isten a szeretet, és örül és megáld minket, ha szeretetben cselekszünk. Jézus idejében a farizeusok szívében nem volt szeretet, és csak külsőleg tartották be a törvényt, látszatra, így nem járt nekik semmi haszonnal. Elítéltek másokat a törvény ismeretében, így távol maradtak Istentől, és végül feláldozták Isten fiát.

Amikor megérted Isten igazi akaratát, mely a törvényben kifejeződik

Még az Ótestamentum idejében is, voltak a hitnek olyan ősatyái, akik megértették Isten igaz akaratát, ahogy a törvényben kifejeződik. A hit ősatyái, beleértve Ábrahámot, Józsefet, Mózest, Dávidot és Éliást is, nemcsak megtartották a törvényt, hanem mindent megtettek azért, hogy Isten igaz gyermekeivé váljanak, és ezért szorgalmasan körülmetélték a szívüket.

Azonban amikor Isten elküldte Jézust, mint Messiást, hogy megismerjék Ábrahám Istenét, Izsák Istenét és Jákob Istenét, azok nem ismerték fel Őt. Azért nem, mert elvakította őket a bölcsek hagyományának kerete, és az, hogy a törvény betartásának külsőségeit figyelték.

Annak érdekében, hogy tanúsítsa: Ő Isten Fia, Jézus csodálatos munkákat valósított meg, amelyek csak Isten hatalmából voltak lehetségesek. Azonban sem felismerni nem tudták Őt, mint Jézus, sem fogadni Őt, mint a Messiást.

Azonban a jószívű zsidók másképp viselkedtek. Amikor

meghallották Jézus beszédét, hittek Neki, és amikor látták
a csodálatos munkáit, azt hitték, hogy Isten Vele van.
János evangéliumának harmadik fejezetében, egy Nikodémusz
nevezetű farizaues egy éjjel eljött Jézushoz, és ezt mondta:

*Mester, tudjuk, hogy Istentől jöttél tanítóul; mert
senki sem teheti e jeleket, a melyeket te teszel, hanem
ha az Isten van vele* (János evangéliuma 3,2).

A szeretet Istene várja Izrael visszatérését

Miért nem ismerte fel a zsidóság többsége Jézust, aki a
földre Megmentőként érkezett? A törvény kereteit kiszabták
a saját elképzelésük szerint, és azt gondolták, hogy szerették
és szolgálták Istent, és nem voltak képesek elfogadni azokat a
dolgokat, amelyek ezen a kereten kívül voltak.

Amíg nem találkozott Jézussal, Pál szentül hitte, hogy Istent
szerette és szolgálta azzal, hogy cselekedeteiben betartotta a
törvényt. Ezért nem ismerte el Jézust mint Megmentőt, hanem
üldözte Őt, és az Őt hívőket is. Miután találkozott a feltámadt
Úrral a Damaszkuszba vezető úton, ez az általa alkotott keret
teljesen összetört, és az Úrnak, Jézus Krisztusnak az apostola lett
belőle. Ettől kezdve még az életét is odaadta volna az Úrért.

Ez az érzés, hogy a törvényt megtartsák, a zsidók legbensőbb
lényege, és nagyon fontos tény abban, hogy Isten a zsidókat
kiválasztotta. Így, amint rájönnek Isten igaz akaratára, ahogy
azt beágyazta a törvénybe, képesek lesznek Istent mindennél és

minden nemzetnél jobban szeretni, és egész életükkel hűségesek lesznek Istennek.

Amikor Isten kivezette Egyiptom népét Izraelből, Mózes által megadta nekik az összes parancsolatot és megmondta nekik, hogy mit akart Ő: mit tegyen a zsidó nép. Megígérte nekik, hogy ha szeretik Istent, körülmetélik a szívüket, és az Ő akarata szerint élnek, Ő velük lesz, és nagyszerű áldásokban részesíti őket.

És megtérsz az Úrhoz, a te Istenedhez, és hallgatsz az ő szavára mind a szerint, a mint én parancsolom néked e napon, te és a te fiaid teljes szívedből és teljes lelkedből: Akkor visszahozza az Úr, a te Istened a te foglyaidat, és könyörül rajtad, és visszahozván, összegyűjt majd téged minden nép közül, a kik közé oda szórt téged az Úr, a te Istened. Ha az ég szélére volnál is taszítva, onnét is összegyűjt téged az Úr, a te Istened, és onnét is felvesz téged; És elhoz téged az Úr, a te Istened a földre, a melyet bírtak a te atyáid, és bírni fogod azt; és jól tesz veled, és inkább megsokasít téged, mint a te atyáidat. És körülmetéli az Úr, a te Istened a te szívedet, és a te magodnak szívét, hogy szeressed az Urat, a te Istenedet teljes szívedből és teljes lelkedből, hogy élj. Mind ez átkokat pedig rábocsátja az Úr, a te Istened a te ellenségeidre és gyűlölőidre, a kik üldöztek téged. Te azért térj meg, és hallgass az Úr szavára, és teljesítsd minden

parancsolatát, a melyeket én e mai napon parancsolok
néked (Mózes ötödik könyve 30,2-8).

Amint Isten ezekben a sorokban megígérte az Ő kiválasztott
népének, összegyűjtötte a Népét, amely a világ minden részére
szétszóródott, és néhány ezer év után megengedte nekik,
hogy visszavegyék az országukat, és magasan a többi nemzet
fölé helyezte őket. Azonban Izrael nem ismerte fel Isten nagy
szeretetét a keresztre feszítés által, és az Ő gondviselését, amellyel
az emberiséget megalkotta és műveli, hanem még mindig követi
a törvény betartásának külső cselekedetei megfigyelését, és a
bölcsek tradícióit.

A szeretet Istene komolyan azt szeretné, hogy a görbe hitüket
elhagyják, és változzanak meg, és igaz gyermekekké váljanak,
amilyen hamar csak lehet. Először is, ki kell nyitniuk a szívüket,
és el kell fogadniuk Jézus Krisztust, akit Isten küldött, mint
Megmentőt, az emberiség megmentőjét, és el kell fogadniuk a
bűneik bocsánatát. Utána rá kell jönniük Isten igaz akaratára,
amelyet a törvényben megadott, és igaz hitet kell elérniük úgy,
hogy szorgalmasan betartják Isten szavát azzal, hogy a szívüket
körülmetélik, hogy elérjék a teljes üdvösséget.

Buzgón imádkozom azért, hogy Izrael visszaállítsa Isten
elveszett képét azzal a hittel, amely Istennek tetsző, és az Ő
igaz gyermekévé váljon, hogy a nemzet élvezhesse azt az áldást,
amelyet Isten megígért, és az örök mennyországban lakjon.

A Szikladóm, egy iszlám mecset, mely az elveszett szent Jeruzsálem városában található

Negyedik fejezet

Nézd és halld!

A világvége felé

A Biblia mind az emberiség történelmének elejét, mind a végét szépen bemutatja nekünk. Már néhány évezred óta Isten elmondja nekünk a Biblia által az emberiség művelésének történetét. A történelem az első földi emberrel kezdődött, Ádámmal, és az Úr második, levegőben való eljövetelével fog véget érni.

Isten óráján, amellyel az emberiség művelésének idejét méri, mennyi az idő most, és hány nap és hány óra marad addig, amíg az óra beharangozza az emberiség művelésének utolsó pillanatait? Nézzük most meg, hogyan tervezte meg a szeretet Istene Izrael elvezetését az üdvösséghez.

A Bibliában található próféciák beteljesülése az emberi történelem során

Sok prófécia van a Bibliában, és mind a Mindenható Isten, az Alkotó szavait tükrözik. Amint Ézsaiás könyvében (55,11) találjuk, *„Így lesz az én beszédem, a mely számból kimegy, nem tér hozzám üresen, hanem megcselekszi, a mit akarok, és szerencsés lesz ott, a hová küldöttem."* Isten szavai mindeddig pontosan beteljesedtek, és ezután is minden szó beteljesedik majd.

Izrael történelme világosan mutatja, hogy minden prófécia igazzá vált, a legkisebb hiba nélkül. Izrael történelme is a bibliai próféciák szerint történt: a 400 éves kötelék Egyiptomban és az Exodus, a tejjel-mézzel folyó Kánaán földjére való bevonulásuk, a királyság kettészakadása Izraelbe és Júdeába, és az ő tönkretételük, a babilóniai fogság, Izrael hazatérése, a Messiás megszületése és keresztre feszítése, Izrael tönkretétele és a nép szétszóródása a teljes világon, valamint Izrael újraalakítása nemzetként, és a függetlenség.

Az emberiség történelmének ellenőrzése a Mindenható Isten hatalmában van, és valahányszor valami fontos dolgot végrehajtott Ő, előre elmondta az embereknek, hogy mi fog történni (Ámos 3,7). Isten előre megmondta Noé történetét, aki egy igazságos és folttalan ember volt a maga idejében, amelyben a nagy áradás az egész földet válságba sodorja. Elmondta Ábrahámnak, hogy Szodoma és Gomora városai tönkremennek, és megengedte Dániel és János apostolnak, hogy megtudják: mi fog történni a világ végekor.

A legtöbb e próféciák közül a Bibliában teljesen megtörtént, és már csak az Úr második eljövetelének, és az ezt megelőző dolgoknak kell megtörténniük.

A világ végének jelei

Manapság, függetlenül attól, hogy milyen komolyan beszélünk arról, hogy most van a világ vége, nagyon sok ember nem hajlandó ezt elhinni. Ahelyett, hogy elfogadnák, azt gondolják, hogy furcsák azok az emberek, akik erről beszélnek, és megpróbálják elkerülni őket. Azt hiszik: a nap felkel és lenyugszik, az emberek megszületnek és meghalnak, és a civilizáció úgy fog folytatódni, ahogy mindig is a múltban.

A világ végéről a Bibliában ezt találjuk: „*Tudván először azt, hogy az utolsó időben csúfolkodók támadnak, a kik saját kívánságaik szerint járnak, És ezt mondják: Hol van az ő eljövetelének ígérete? Mert a mióta az atyák elhunytak, minden azonképen marad a teremtés kezdetétől fogva*" (Péter második levele 3,3-4).

Valahányszor egy ember megszületik, annak az embernek egyszer meg is kell halnia. Hasonlóan: ahogy az emberi történelemnek volt egy kezdete, úgy lesz egy vége is. Amikor eljön az Isten által kijelölt idő, a világon mindennek eljön a vége.

És abban az időben felkél Mihály, a nagy fejedelem, a ki a te néped fiaiért áll, mert nyomorúságos idő lesz, a milyen nem volt attól fogva, hogy nép kezdett lenni, mindezideig. És abban az időben megszabadul a te néped; a ki csak beírva találtatik a könyvben. És sokan azok közül, a kik alusznak a föld porában, felserkennek, némelyek örök életre, némelyek pedig gyalázatra és örökkévaló útálatosságra. Az értelmesek pedig fénylenek, mint az égnek fényessége; és a kik sokakat az igazságra visznek, miként a csillagok örökkön örökké. Te pedig, Dániel, zárd be e beszédeket, és pecsételd be a könyvet a végső időig: tudakozzák majd sokan, és nagyobbá lesz a tudás (Dániel próféta könyve 12,1-4).

Dániel prófétával Isten megjövendölte, hogy mi fog történni a földön az idő végeztével. Léteznek olyan emberek, akik azt mondják, hogy a Dániel próféta által megjövendölt dolgok már megvalósultak a történelemben. Az ő próféciái teljesen az emberiség történelmének utolsó idejében fognak valóra válni, és teljesen következetesek azzal, ami az Újtestamentumban található a világ végével kapcsolatosan.

Dániel próféciája az Úr második eljövetelével kapcsolatos. Az első sor ezt tartalmazza: *„mert nyomorúságos idő lesz, a milyen nem volt attól fogva, hogy nép kezdett lenni, mindezideig. És abban az időben megszabadul a te néped; a ki csak beírva találtatik a könyvben"* elmagyarázza a hétéves ínséget, amely a világ végekor következik be, és a maradék üdvösséget is.

A 4. vers második fele, amely ezt mondja: „tudakozzák majd sokan, és nagyobbá lesz a tudás" a mai emberek mai életére vonatkozik. Értelemszerűen Dániel ezen próféciái nem Izrael elpusztítására vonatkoznak, amely i.sz. 70-ben történt, hanem a világ végére vonatkozó jelekre.

Jézus részletesen beszélt a világ végének jeleiről a tanítványaival. Máté evangéliumának 24,6-7; 11-12. versében ezt mondta: *„Hallanotok kell majd háborúkról és háborúk híreiről: meglássátok, hogy meg ne rémüljetek; mert mindezeknek meg* kell lenniök. De még ez nem itt a vég. *Akkor nyomorúságra adnak majd benneteket, és megölnek titeket; és gyűlöletesek lesztek minden nép előtt az én nevemért. És akkor sokan megbotránkoznak, és elárulják egymást, és gyűlölik egymást. És sok hamis próféta támad, a kik sokakat elhitetnek. És mivelhogy a gonoszság megsokasodik, a szeretet sokakban meghidegül."*

Mi a mai helyzet a világon? Halljuk, hogy mindenhol háborúk vannak, és a terrorizmus is napról napra terjed. A nemzetek egymás ellen harcolnak, és a királyságok is egymás ellen fordulnak. Éhínség és földrengés van sok helyen, és sok más természeti katasztrófa is, melyeket a szokatlan időjárási viszonyok okoznak. Továbbá a törvénytelenség egyre inkább elterjed szerte a földön, a bűn és a gonosz túlsúlyba kerül szerte a világon, és az emberek szeretete elhidegül.

Ugyanezt találjuk Timóteus második episztolájában.

Azt pedig tudd meg, hogy az utolsó napokban nehéz idők állanak be. Mert lesznek az emberek magukat szeretők, pénzsóvárgók, kérkedők, kevélyek, káromkodók, szüleik iránt engedetlenek, háládatlanok, tisztátalanok, Szeretet nélkül valók, kérlelhetetlenek, rágalmazók, mértékletlenek, kegyetlenek, a jónak nem kedvelői. Árulók, vakmerők, felfuvalkodottak, inkább a gyönyörnek, mint Istennek szeretői. Kiknél megvan a kegyességnek látszata, de megtagadják annak erejét. És ezeket kerüld (Pál második levele Timóteushoz 3,1-5).

Ma az emberek nem szeretik a jó dolgokat, hanem az élvezeteket és a pénzt kergetik. A saját előnyüket keresik, és szörnyű bűnöket követnek el, beleértve a gyilkosságot és gyújtogatást, habozás vagy lelkiismeret furdalás nélkül. Túl sokszor fordulnak elő ezek a dolgok, és az emberek szíve oly mértékben vált érzéketlenné, hogy már senki nem lepődik meg semmin. Látva mindezt, nem tagadhatjuk, hogy az emberiség történelme valóban a vége felé közeledik.

Még Izrael történelme is jeleket szolgáltat az Úr második eljöveteléről, és a világ végének közelségéről.

Máté evangéliumának 24,32-33 versei ezt mondják: *„A fügefáról vegyétek pedig a példát: mikor az ága már zsendül, és levelet hajt, tudjátok, hogy közel van a nyár: Azonképen ti is, mikor mindezeket látjátok, tudjátok meg, hogy közel van, az ajtó előtt."*

A „fügefa" itt Izraelre vonatkozik. Egy fa halottnak tűnik télen, de amikor a tavasz megjön, kirügyezik megint, és az ágain zöld levelek hajtanak ki újra. Hasonlóan, Izrael tönkretétele i.sz. 70-ben úgy tűnt, hogy Izrael el fog tűnni kétezer évre, azonban amikor az Isten által kiválasztott idő eljött, kikiáltotta a függetlenségét, és Izrael államot kikiáltották 1948. május 14-én. Ami ennél is fontosabb: Izrael függetlensége azt jelzi, hogy

Jézus Krisztus második eljövetele nagyon közel van. Ezért Izraelnek rá kell jönnie, hogy a Messiás, akire még mindig várnak, eljött a földre, és az emberiség megmentője lett 2.000 évvel ezelőtt, és eszükbe kellene hogy jusson: Jézus Krisztus a Megmentő ismét eljön a földre előbb vagy utóbb, mint Bíró.

Mi fog történni velünk, akik a Biblia próféciája szerint az utolsó napokat éljük?

Az Úr megjelenése a levegőben, és az elragadtatás

Körülbelül 2.000 évvel ezelőtt Jézust keresztre feszítették, feltámadt a harmadik napon, a halál hatalmát megtörve, miután felment a Mennybe. Ezt az eseményt számos ember megtapasztalta, aki jelen volt.

„Kik szóltak is: Galileabeli férfiak, mit állotok nézve a mennybe? Ez a Jézus, a ki felviteték tőletek a mennybe, akképen jő el, a miképen láttátok őt felmenni a mennybe" (Apostolok cselekedetei 1,11).

Jézus Urunk kinyitotta az üdvösség kapuját az emberiség számára a keresztre feszítése és feltámadása által, majd felment a levegőbe, odaült Isten trónjának jobb oldalára, és mennyei lakóhelyeket készít elő nekünk mindannyiunknak, akik üdvözültünk. Amikor az emberiség történelmének vége lesz, visszajön, hogy minket is elvigyen oda. A Második Eljöveteléről szép leírást találunk Pál első levele a thesszalonikaiakhoz 4,16-17 verseiben:

Mert maga az Úr riadóval, arkangyal szózatával és isteni harsonával leszáll az égből: és feltámadnak először a kik meghaltak volt a Krisztusban; Azután mi, a kik élünk, a kik megmaradunk, elragadtatunk azokkal együtt a felhőkön az Úr elébe a levegőbe; és ekképen mindenkor az Úrral leszünk.

Milyen fennkölt jelenet, amikor az Úr lejön a felhők közé, számtalan angyal és mennyei házigazda kíséretében! Azok, akik üdvözültek, az örök szellemi testet öltik magukra, és találkoznak az Úrral a levegőben, majd megünneplik a hétéves lakodalmi menyegzőt, az Úrral együtt, aki a mi örök vőlegényünk.

Azok, akik üdvözültek, a levegőbe mennek, ahol találkoznak az Úrral, ez maga az „Elragadtatás". A lég királysága a második királyság egy részére vonatkozik, amelyet Isten előkészített a hétéves lakodalmi menyegző számára.

Isten a spirituális birodalmat néhány térre választotta, ezek közül az egyik a második mennyország. A második mennyország aztán megint két részre oszlik: Éden, ami a fény és a sötétség világa. Egy fényes részében a világnak létezik egy különleges hely, amely a hétéves lakodalmi menyegző helyeként készült el.

Azok az emberek, akik hittel díszítették ki magukat, hogy üdvözüljenek ezen a bűnnel és gonoszsággal teli világon, az Úr menyasszonyaiként a levegőbe emelkednek majd, és találkoznak majd az Úrral, és hét évig élvezik majd a lakodalmi menyegzőt.

Örüljünk és örvendezzünk, és adjunk dicsőséget néki, mert eljött a Bárány menyegzője, és az ő felesége elkészítette magát, És adatott annak, hogy felöltözzék tiszta és ragyogó fehér gyolcsba; mert a fehér gyolcs a szenteknek igazságos cselekedetei. És monda nékem: Írd meg: Boldogok azok, a kik a Bárány menyegzőjének vacsorájára hivatalosak. És monda nékem: Ezek az Istennek igaz beszédei (A jelenések könyve 19,7-9).

Azok, akik a levegőbe emelkednek, dicséretet kapnak az Úrtól a hétéves menyegző alatt, amiért legyőzték a világot hittel. Ezzel szemben azok, akik nem emelkednek fel a levegőbe, kimondhatatlan szenvedésen és kínokon mennek át majd, melyeket a gonosz szellemek okoznak, amelyek az Úr második, levegőben történő eljövetelekor kerülnek a földre.

A Nagy Csapás hét éve

Mialatt azok, akik üdvözültek, a levegőben a hétéves menyegzőt élvezik, és az örök és boldog mennyországról álmodnak, a földet a legsúlyosabb éhínség éri utol majd, amely valaha a történelem folyamán történt, és szörnyű dolgok fognak lezajlani.

Hogy fog a hétéves éhínség elkezdődni? Mivel az Urunk a levegőben fog visszatérni, és mivel oly sok ember emelkedik majd egyszerre a levegőbe, azok, akik lent maradnak, pánikba esnek, és sokkot éreznek majd, mivel nem találják a családtagjaikat, barátaikat és szomszédaikat, és azon tűnődnek majd: hogyan találják meg őket.

Hamarosan rájönnek, hogy az elragadtatás, amiről a keresztények beszéltek, megtörtént valójában. A hétéves éhínség gondolatától rettegés fogja el őket, mert tudják, hogy őket is érinteni fogja. Szörnyű pánik és rettegés keríti őket a hatalmába. Amikor a repülők, hajók, vonatok és autók utasai felemelkednek a levegőbe, számtalan közlekedési baleset és tűzeset történik majd, az épületek összeomlanak, és a világ tele lesz káosszal és nagy rendetlenséggel.

Ekkor egy ember fog megjelenni, aki békét és rendet hoz a világba. Ő az Európai Unió vezetője. Egyesíti önmagában a politika, gazdaság és katonaság erejét, és ezzel az egyesített erővel megőrzi a világ rendjét, és békét és stabilitást hoz majd a társadalmakba. Ezért fog nagyon sok ember örülni az ő megjelenésének a világ színpadán. Nagyon sokan fogják lelkesen üdvözölni őt, hűségesen fogják támogatni őt, és segíteni is.

Ő lesz az Antikrisztus, akire a Bibliában utalnak, aki a hétéves éhínséget vezeti majd, de egy ideig a „béke hírnökeként" szerepel majd. A valóságban az Antikrisztus a hétéves éhínség első éveiben hoz békét és stabilitást az embereknek. Az eszköz,

amelyet felhasznál ennek érdekében a „666" jel, amelyet a
Bibliában is leírtak már.

> *Azt is teszi mindenkivel, kicsinyekkel és nagyokkal,
> gazdagokkal és szegényekkel, szabadokkal és
> szolgákkal, hogy az ő jobb kezökre vagy a homlokukra
> bélyeget tegyenek; És hogy senki se vehessen, se el
> ne adhasson [semmit,] hanem csak a kin a fenevad
> bélyege van, vagy neve, vagy nevének száma. Itt van
> a bölcseség. A kinek értelme van, számlálja meg a
> fenevad számát; mert emberi szám: és annak száma
> hatszázhatvanhat* (A Jelenések könyve 13,16-18).

Mi a fenevad jele?

A fenevad egy számítógépre vonatkozik. Az Európai
Unió (EU) úgy szervezi meg a szervezetét, hogy visszaél a
számítógépekkel. Az Európai Unióban minden egyes személy
egy vonalkódot kap, amelyet a homlokára és a jobb kezére kell
hogy feltegyen. Ez a vonalkód a fenevad jele. Minden egyes
személy személyes információját egy ilyen kódra helyezik el,
amelyet aztán elhelyeznek a személy testében. Ezzel a kóddal az
EU számítógépe képes lesz figyelni és ellenőrizni mindenkit,
bármikor és bármit is tesz.

A jelenlegi hitelkártyáinkat és személyazonosító kártyáinkat
a fenevad jelével, a „666"-tal helyettesítik majd. Az embereknek

nem lesz már szükségük készpénzre vagy csekkekre. Már nem kell attól félniük, hogy elveszítik a vagyontárgyaikat, vagy hogy ellopják a pénzüket. Emiatt a 666-os jel hamar elterjed majd a világon, és nélküle senkit sem tudnak majd beazonosítani, és senki sem tud majd e jel nélkül eladni, vagy megvenni bármit.

A hétéves nagy éhínség kezdetétől az emberek megkapják a fenevad jelét, de nem erőltetik rájuk azt. Csak javasolják majd nekik, hogy viseljék, amíg az EU szervezete elég erős nem lesz. Amint azonban a hétéves éhínség első fele lejár és a szervezet kellőképpen megerősödött, az EU mindenkit kényszeríteni fog, hogy viselje a jelet, és nem bocsájt meg azoknak, akik visszautasítják a jel viselését. A jel által az Unió korlátozza az embereket, és úgy vezeti őket, ahogy akarja.

Végül azok közül a legtöbben, akik a hétéves éhínségre itt maradnak, az Antikrisztus uralma alá kerülnek, és a fenevad kormányzása alá is. Mivel az Antikrisztust az ellenséges ördög irányítja, az EU arra biztatja az embereket, hogy Isten ellen szegüljenek, és elvezeti őket a gonoszság, igazságtalanság, bűnök és pusztítás útjára.

Néhány ember azonban nem fogja megadni magát az antikrisztus erejével szemben. Ezek azok, akik bár hittek Jézus Krisztusban, nem emelkedtek fel a levegőbe az Úr második eljövetelekor, mivel nem volt igaz hitük.

Néhányan közülük egykor elfogadták az Urat, és az Ő kegyelmében éltek, amit később azonban eldobtak maguktól, míg mások bevallották a hitüket Krisztusban, temploma jártak, de a világi örömöknek éltek, mivel nem a spirituális hitüket követték. Vannak mások is, akik most fogadták el Jézus Krisztust, míg néhány zsidó ember is felébred a spirituális szendergéséből az Elragadtatás által. Amikor megtapasztalják az Elragadtatás valóságát, rájönnek, hogy minden szó az Ó-és Újtestamentumban igaz, és a földet verve fognak panaszkodni. Nagy félelem keríti őket hatalmába, megbánják, hogy nem az Úr szava szerint éltek, és egy utat keresnek majd az üdvösség felé.

És harmadik angyal [is] követé azokat, mondván nagy szóval: Ha valaki imádja a fenevadat és annak képét, és bélyegét felveszi vagy homlokára vagy kezére, Az is iszik az Isten haragjának borából, a mely elegyítetlenül töltetett az ő haragjának poharába: és kínoztatik tűzzel és kénkővel a szent angyalok előtt és a Bárány előtt; És az ő kínlódásuknak füstje felmegy örökkön örökké; és nem lesz nyugalmuk éjjel és nappal, a kik imádják a fenevadat és annak képét, és ha valaki az ő nevének bélyegét felveszi. Itt van a szenteknek békességes tűrése, itt a kik megtartják az Isten parancsolatait és a Jézus hitét! (A Jelenések könyve 14,9-12).

Ha valaki megkapja a fenevad jelét, kénytelen lesz az antikrisztusnak engedelmeskedni, aki Istent ellenzi. Ezért a Biblia azt hangsúlyozza, hogy azok, akik megkapják a jelet, nem üdvözülhetnek. A Nagy Éhínség alatt azok, akik tudják ezt a tényt, azon vannak, hogy ne legyen jel rajtuk, mert ezzel kifejezhetik a hitüket.

Az antikrisztus identitása világosan megmutatkozik majd. Azokat, akik a nézetei ellen vannak, úgy sorolja be majd, mint akik tisztátalanok, és kiűzi őket a társadalomból, mondván, hogy megszegték a társadalmi békét. Arra kényszeríti őket, hogy megtagadják Jézus Krisztust, és az antikrisztus jelét viseljék. Ha ellenállnak, súlyos büntetés és mártírság vár rájuk.

A mártírság általi üdvözülés azért, mert valaki elkerülte a jel viselését

Azoknak a kínszenvedése, akik visszautasítják a fenevad jelének a viselését a hétéves éhínség alatt, elképzelhetetlenül keserves. Alig tudják elviselni ezt, így csak néhányan tudják ezeket leküzdeni, és így egy utolsó eséllyel üdvösséget nyerni. Néhányan közülük ezt mondják majd: „Nem hagyom el az Úrba vetett hitemet. Még mindig hiszek Benne, a szívem mélyéről. A kínok olyan keservesek számomra, hogy a szájammal kénytelen vagyok megtagadni Őt. Isten megért engem, és megszabadít majd" – és aztán megkapják a fenevad jelét. Az üdvösségük teljesen lehetetlen.

Néhány évvel ezelőtt egy imám alkalmával Isten mutatott nekem egy képet azokról, akik a hétéves nagy éhínségben itt maradnak a földön, ellenállnak a fenevadnak, és megkínozzák őket. Szörnyű látvány volt! A kínzók kicsontozták, a testüket darabokra törték, levágták az ujjaikat, kezüket, lábukat az áldozatoknak, és forró olajat töltöttek a testükön végig.

A második világháború alatt szörnyűséges mészárlás és kínzatások történtek, és orvosi kísérleteket hajtottak végre embereken. Ezek a kínok nem összehasonlíthatóak a hétéves éhínség kínjaival. Az Elragadtatás után az antikrisztus, aki egy az ellenséges ördöggel, uralkodik majd a világon, és senkinek nem fog megkönyörülni.

Az ellenséges ördög és az antikrisztus erői arra kényszerítik az embereket, hogy Jézust megtagadják bármilyen módon, hogy a pokolba kerüljenek. Megkínozzák a hívőket – nem ölik meg azonnal őket – nagyon változatos és kegyetlen módszerekkel. A legnagyobb pánikot és fájdalmat hozza a hívőkre a kegyetlen módszerek egész sora.

A megkínzott emberek minél hamarabb meg szeretnének halni, de nem mehetnek a halálba, mivel az antikrisztus nem engedi meg nekik könnyen ezt, és nagyon jól tudják, hogy az öngyilkosság után nem üdvözülhetnek.

A látomásomban, amelyet Isten mutatott nekem azt láttam, hogy a legtöbb ember nem volt képes szembeszegülni a fenevaddal, és megadta magát az antikrisztusnak. Egy ideig úgy tűnik, hogy néhányan ellenállnak erős akarattal, azonban amikor azt látják, hogy a szeretett gyermekeik és szüleik ugyanúgy szenvednek, mint ők, abbahagyják az ellenállást, és megadják magukat az antikrisztusnak, majd megkapják a fenevad jelét.

Ezek között a megkínzott emberek között lesznek jó páran, akiknek a szíve igaz és bátor, és akik legyőzik a gonosz kísértéseket, melyeket az antikrisztus állít eléjük, és mártírhalált halnak. Azok, akik a mártírság révén megőrzik a hitüket a hétéves éhínség alatt, részt vehetnek az üdvösség parádéjában.

Az üdvösség útja a közeledő megpróbáltatások elől

Amikor kitört a második világháború, a zsidók, akik békés életet éltek Németországban, nem gyanították, hogy szörnyű vérontás vár rájuk, amelyben 16 millió embert lemészárolnak. Senki sem látta előre, hogy az a Németország, amely a zsidóknak viszonylagos stabilitást és békét nyújtott, hirtelen ilyen gonosz erővé válhat, és ilyen rövid idő alatt.

Abban az időben, mivel nem tudták, hogy mi fog történni, a zsidók tehetetlenek voltak, és semmit nem tudtak tenni annak érdekében, hogy a nagy szenvedést megelőzzék. Isten azt kívánja a kiválasztott népének, hogy megelőzze az eljövendő katasztrófát a közeljövőben. Ezért mutatja be Isten részletesen a világvégét a Bibliában, és ezért engedte meg Isten az Ő embereinek, hogy figyelmeztessék Izraelt a közelgő megpróbáltatásokkal kapcsolatban, és felébresszék őt.

Izrael számára azt a legfontosabb tudni, hogy ezt a katasztrófát nem lehet elkerülni, és ahelyett, hogy elkerülhetné, éppen Izrael lesz az az ország, amely a nagy megpróbáltatások középpontjában lesz majd. Azt kívánom: gyere rá, hogy ez a megpróbáltatás hamar bekövetkezik, és úgy érkezik majd, mint egy tolvaj, ha nem vagy felkészülve rá. Föl kell ébredned a spirituális szendergésből, ha azt akarod, hogy szabadulj a szörnyű szerencsétlenségtől.

Éppen most van az idő, amikor Izraelnek fel kell ébrednie! Meg kell bánniuk, hogy nem ismerték fel a Messiást, és el kell fogadniuk Jézus Krisztust, mint az emberiség Megmentőjét. Olyan tiszta hittel kell rendelkezniük, amilyent Isten akar, hogy örömmel ragadtassanak majd el, amikor az Úr visszajön a levegőben.

Arra biztatlak téged, hogy jusson eszedbe: az antikrisztus úgy jelenik meg majd előtted, mint a béke hírnöke, ahogy Németország is tette a második világháború előtt közvetlenül. Békét és vigasztalást fog ajánlani, azonban váratlanul és gyorsan az antikriszus válik nagyon hatalmassá majd, egy olyan erő, amely jelenleg is növekszik, és amely később szenvedést és szerencsétlenséget hoz, olyan mértékűt, amelyet ma el sem tudunk képzelni.

A tíz lábujj

A Biblia számos próféciai részletet tartalmaz, amelyek a jövő eseményeire vonatkoznak. Különösen ha megnézzük az Ótestamentum nagy prófétáinak a könyveit, azok előrevetítik nemcsak Izrael történelmét, hanem a világ történelmét is. Mit gondolsz, mi az ok? Isten kiválasztott népe, Izrael az emberiség történelmének középpontjában volt, van és lesz mindig is.

A Dániel próféciájában lejegyzett nagy kép

Dániel könyve nemcsak Izrael jövőjéről jövendöl, hanem arról is, hogy mi lesz a világgal az utolsó napokon, Izrael végével összefüggésben. Dániel próféta könyvének 2,31-33. verseiben Dániel értelmezi Nebukadnezár király álmát Isten inspirálásából, és ez az értelmezés tartalmazza azt is: mi fog történni a világ végekor.

Te látád, oh király, és ímé egy nagy kép; ez a kép, mely hatalmas vala és kiváló az ő fényessége, előtted áll vala, és az ábrázata rettenetes volt. Annak az [álló] képnek feje tiszta aranyból, melle és karjai ezüstből, hasa és oldalai rézből, Lábszárai vasból, lábai pedig

részint vasból, részint cserépből valának (Dániel
próféta könyve 2,31-33).

Mit jövendölnek ezek a sorok a világ végéről?

A „nagy kép", amelyet Nebukadnezár álmában látott, nem
más, mint az Európai Unió. Ma a világot két hatalom, az Egyesült
Államok és az Európai Unió vezeti. Természetesen Oroszország
és Kína hatása sem elhanyagolható. Az Egyesült Államok és
az Európai Unió azonban továbbra is a két legbefolyásosabb
hatalom lesz a világon a gazdaságot és a katonai hatalmat
tekintve.
Jelenleg az EU gyengének tűnik, azonban továbbra is bővülni
fog. Senki nem kételkedik ebben. Egészen napjainkig az Egyesült
Államok volt a világ domináló nemzete, azonban lassanként ez
EU átveszi ezt a szerepet az egész világon.

Néhány évtizeddel ezelőtt senki sem tudta elképzelni, hogy az
európai országok képesek lesznek egy kormányzati rendszerben
egyesülni. Természetesen ezek az országok régóta tárgyalnak az
unióról, de senki nem lehetett biztos abban, hogy át tudják lépni
a nemzeti korlátokat, nyelveket, pénznemet és számtalan más
akadályt, hogy egyetlen szervezetbe tömörüljenek.

Azonban a késő 1980-as évektől kezdve az európai országok
vezetői elkezdték komolyan tárgyalni a témát, egyszerűen
gazdasági okokból. A hidegháború idején a legnagyobb hatalom

a katonai volt, azonban miután ennek vége lett, a katonai hatalomtól a gazdaságira tevődött át a hangsúly.

Annak érdekében, hogy erre felkészüljenek, az európai országok elkezdték előkészíteni az egyesülést, és ennek eredményeképpen eggyé váltak egy gazdasági egységben. Amit még meg kell tenniük az a politikai egyesülés, amelyben az országok egy kormányzati szerkezettel bírnak, és a mai helyzet ezt tovább bátorítja.

„Egy nagy kép; ez a kép, mely hatalmas vala és kiváló az ő fényessége, és az ábrázata rettenetes volt", amelyről Dániel 2,31 beszél, az Európai Unió növekedéséről és tevékenységéről prófétál. Azt sugallja, milyen erős és hatalmas lesz az Európai Unió.

Az EU-nak nagy hatalma lesz

Hogyan lesz képes az Európai Unió nagy hatalomra szert tenni? Dániel próféta könyvének 2,32 versétől leírást találunk a kép fejéről, melléről, kezeiről, és ezek anyagáról.

A 32. vers szerint: „Annak az [álló]képnek feje tiszta aranyból volt" – ez azt jelképezi, hogy az EU gazdaságilag fejlődni fog, és a gazdasági hatalmat megszerzi a vagyonszerzés által. Ahogy itt megjövendölték, az EU-nak nagy előnyére válik a gazdasági egység.

A következő vers meg ezt tartalmazza: „melle és karjai ezüstből vannak." Ez azt jelképezi, hogy az EU szociálisan, kulturálisan és politikailag egységes lesz. Amikor az EU-nak egyetlen elnöke lesz, külső szemlélőnek megvalósul majd az egység, és társadalmi és kulturális szempontból teljesen egységes lesz. Azonban ha az egység nem lesz teljes, minden egyes tag a saját előnyeit fogja keresni.

A következőkben ezt találjuk: „hasa és oldalai rézből (valának)." Ez azt jelképezi, hogy az EU megvalósítja a katonai egységet. Minden ország az EU-ban is gazdasági erőre törekszik. Ez a katonai egység elsődlegesen a gazdasági előnyöket szolgálja majd, ami a végső cél is egyben. Annak érdekében, hogy a világhatalomba bekerüljön, nem lesz más választás, mint egyesülni a társadalmi, kulturális, politikai és katonai szférákban egyaránt.

Végül ezt mondja: „a lábai vasból valának." Ez egy másik alapra utal, amely szintén erősíti az EU-t: a vallásra. A korai szakaszban az EU a katolikus vallást az állam vallásának kiáltja ki. Ez a vallás erőt kap és egy olyan mechanizmussá alakul, amely megerősíti és fenntartja az EU-t.

A tíz lábujj spirituális jelentése

Amikor az EU sikeres lesz abban, hogy egyesítse az országokat gazdaságilag, politikailag, társadalmilag, kulturálisan, vallási és katonai értelemben, az egységet és hatalmat eleinte fitogtatni fogja, azonban lassanként az egyet nem értés és széthullás jelei megjelennek.

Az EU korai szakaszában az EU országok egységesek lesznek, mivel a kölcsönös gazdasági előnyökért egymásnak kedvezményeket tesznek. Azonban ahogy az idő halad, társadalmi, kulturális és politikai-ideológiai különbségek keletkeznek közöttük, és végül a szétválás jelei is megjelennek. A felszínre törnek a vallási eltérések és konfliktusok, melyek a katolikus és protestáns vallásokat érintik.

Dániel 2,33 ezt tartalmazza: „...a lábai részben vasból, részben agyagból valának." A lábujjak egy része vasból, másik része agyagból van. A tíz lábujj nem a tíz EU-s országra utal. Ezek az öt katolikus és az öt protestáns országra vonatkoznak.

Ahogy az agyagot nem lehet a vassal elegyíteni, azok az országok sem egyesülhetnek a protestáns országokkal, amelyekben a katolikus vallás a domináns.

Ahogy a széthúzás jelei az EU-ban megnőnek, egyre szükségesebbnek érzik majd, hogy a vallás segítségével egyesítsék az országokat, ezért a katolikus vallás nagyobb hatalmat kap sok helyen.

Ezért az utolsó napokban az EU tényleg megalakul majd, és nagy hatalommal rendelkezik. Később az EU a katolikus vallás segítségével teljesen egyesül, és végül bálványként jelenik meg.

A bálványok olyan tárgyak, amelyeket az emberek tisztelnek és imádnak. Ebben az értelemben az EU a világ folyását nagy hatalommal vezeti majd, és hatalmas bálványként viselkedik majd a világban.

A harmadik világháború és az Európai Unió

Amint fennebb elmondtam, amikor az Urunk újra eljön a levegőben a világ végekor, számtalan hívő emelkedik majd a levegőbe egyszerre, és a világban hatalmas káosz keletkezik majd. Ez alatt az EU átveszi a hatalmat és dominál a földön, azzal a jelszóval, hogy a békét őrzi, azonban később az EU az Úr ellen szegül, és bekövetkezik a hétéves nagy éhínség.

Később az EU-tagok szétválnak, mert a saját érdekeiket keresik majd. Ez a hétéves nyomorúság közepén történik majd. A hétéves nyomorúság, ahogy a Bibliában is találjuk, Dániel próféta 12. fejezetében, Izrael történelmének és a világtörténelem folyásának megfelelően fog bekövetkezni.

Amint elkezdődik a hétéves nyomorúság, az EU egyre nagyobb hatalmat nyer. Egyetlen elnököt választanak majd az Unió élére. Ez akkor történik, amikor azok, akik elfogadták Jézus Krisztust Megmentőjükként, megkapják a jogot, hogy Isten gyermekei legyenek, és felemelkednek a levegőbe és onnan a mennybe az Úr második eljövetelekor.

A legtöbb zsidó, aki nem fogadja el Jézust Megmentőként a földön marad, és elszenvedi a hétéves nagy szerencsétlenséget. Ennek a nyomorúsága és horrorisztikus félelme olyan mértékű lesz, hogy nem lehet szavakkal leírni. A föld tele lesz szívszorító dolgokkal, mint háborúk, gyilkosság, kivégzések, éhség, betegség, szerencsétlenségek, melyek szélsőségesebbek lesznek, mint bármikor korábban az emberiség történelmében.

A hétéves éhínség kezdete egy izraeli háborúval kezdődik majd, mely Izrael és a Közel-Kelet között zajlik. Rendkívüli feszültség régóta létezik Izrael és a Közel-Kelet között, ahol a határviták soha nem szűntek meg. A jövőben ez a vita még sokkal súlyosabbá válik. Egy súlyos háború tör majd ki, mivel a világ hatalmai beleszólnak az olajproblémákba. Egymással veszekednek majd, hogy nagyobb hírnevet és előnyt élvezzenek a nemzetközi ügyekben.

Az Egyesült Államok, amely hosszú idő óta Izrael természetes szövetségese volt, támogatni fogja Izraelt. Az Európai Unió, Kína és Oroszország, amelyek az Egyesült Államok ellen vannak, szövetkeznek majd a Közel-Kelettel, és kitör a harmadik világháború a két fél között.

A harmadik világháború teljesen más lesz, mint a második volt, a méretét tekintve. A második világháborúban több mint 50 millió ember halt meg. A jelenlegi kémiai és biológiai, valamint a nukleáris fegyverek ereje nem hasonlítható össze a második világháború eszközeivel, és e fegyverek használata elképzelhetetlenül visszataszító lesz.

Mindenfajta nukleáris fegyvert, beleértve a legmodernebbeket, bedobnak majd könyörtelenül, és leírhatatlan pusztítás és mészárlás követi ezt. Azok az országok, amelyek hadat viseltek,

teljesen tönkremennek és elszegényednek. Ez nem lesz a háború
vége. A nukleáris robbanást radioaktivitás és radioaktív szennyezés
valamint súlyos időjárás változás is kísérheti, és a szerencsétlen
események teljesen ellepik a földet. Ennek eredményeképpen a
teljes föld, és azok az országok is, amelyek a háborúkat viselték,
földi pokollá válnak.

A nukleáris fegyverek használatát be fogják szüntetni, mert
ha tovább folytatnák, a teljes emberiség létezését veszélyeztetnék.
Az összes fegyver és a hadseregek csak súlyosbítják a háborút.
Az Egyesült Államok, Kína és Oroszország nem lesz képes
helyreállni.

A legtöbb ország a világon majdnem összeomlik, de az EU
megszabadul a legnagyobb kártól. Az EU megígéri Kínának és
Oroszországnak, hogy segíteni fognak, de a háború alatt az EU
semleges marad, így nem szenved olyan nagy károkat, mint a
többi ország.

Amikor számos világhatalom, beleértve az Egyesült
Államokat is, nagy károkat szenved, és elveszíti a hatalmát a
háborúk örvényében, az EU válik a legerősebb nemzetté, és a
világ urává egyben. Először az EU csak nézi a háború kialakulását,
és amikor a többi ország gazdaságilag és katonailag elpusztul, az
EU előrelép és megoldja a háborút. A többi országnak nem lesz
más választása, mint követni a döntést, mivel eddigre ők a teljes
hatalmukat elvesztik majd.

Innentől kezdve elkezdődik a hétéves nyomorúság második
fele, és az elkövetkező három és fél évben az antikrisztus, aki az

EU vezetője, az egész világot ellenőrizni fogja, és szentté avatja magát. Azokat pedig, akik ellenállnak neki, az antikrisztus megkínozza és üldözi.

Feltárul az antikrisztus igazi arca

A harmadik világháború korai szakaszában számos ország szenved nagy veszteségeket, és az EU segítséget ígér majd nekik Oroszország és Kína által. Izraelt ekkorra már feláldozzák mint a háború központi pontját, és az EU megígéri, hogy felépíti azt a templomot, Isten templomát, amit Izrael mindig is fel akart építeni. Ezzel az enyhítéssel az EU részéről Izrael arról a dicsőségről fog álmodni, amelyet oly régóta élvezhettek Isten áldásából. Ennek eredményeképpen ők is az EU szövetségeseivé válnak.

Mivel segíteni fogja Izraelt, az EU elnökét a zsidók megmentőjeként fogják tekinteni. Az elnyúló háború a Közel-Keleten látszólag véget ér, és újraépítik a Szent Földet, valamint felépítik Isten szent templomát. Azt fogják hinni, hogy a Messiás, akire oly régóta várnak végre eljött, és visszaállította Izrael dicsőségét, és ezért hálásak lesznek neki.

Azonban az örömük és várakozásuk hamar földre hull majd. Amikor Isten szent templomát újjáépítik Jeruzsálemben, valami váratlan fog történni. Ezt is megjövendölték Dániel próféta könyvében.

És egy héten át sokakkal megerősíti a szövetséget, de a hét felén véget vet a véres áldozatnak és az ételáldozatnak, és útálatosságok szárnyán pusztít, a míg az enyészet és a mi elhatároztatott, a pusztítóra szakad (Dániel próféta könyve 9,27).

És seregek állanak fel az ő részéről, és megfertéztetik a szenthelyet, az erősséget, és megszüntetik a mindennapi áldozatot, és felteszik a pusztító útálatosságot (Dániel próféta könyve 11,31).

És az időtől fogva, hogy elvétetik a mindennapi áldozat, és feltétetik a pusztító útálatosság, ezerkétszáz és kilenczven nap lesz (Dániel próféta könyve 12,11).

Ez a három vers mind egy incidensre utal. Ez az a történés, ami az idő végén meg fog történni, és Jézus is a világ végéről beszél ezzel a verssel.

Ezt mondta Máté evangéliumának 24,15-16 verseiben: *"Mikor azért látjátok majd, hogy az a pusztító utálatosság, a melyről Dániel próféta szólott, ott áll a szent helyen (a ki olvassa, értse meg): Akkor, a kik Júdeában lesznek, fussanak a hegyekre."*

Először a zsidók azt fogják gondolni, hogy az EU felépíti a szent templomot a szent helyükön, azonban amikor az undor elönti a helyet, rájönnek, hogy a hitük helytelen volt. Rájönnek, hogy a Messiástól, az emberiség Megmentőjétől, azaz Jézus Krisztustól fordították el a fejüket.

Ez az oka annak, amiért Izraelt fel kell ébreszteni jelenleg. Hacsak nem tesszük ezt meg, nem jönnek rá arra, hogy mi az igazság, még idejében, túl késő lesz, és már nem lehet semmit visszapörgetni.

Buzgón azt kívánom, Izrael, hogy ébredj fel, hogy ne essél az antikrisztus kísértésébe, és ne kapd meg a fenevad jelét. Ha az antikrisztus édes és csábító szavai elcsábítanának, mert békét és bőséget ígért, és megkapod a 666 jelét, óhatatlanul az örök és visszavonhatatlan halál ösvényére hullsz.

Ami még sajnálatosabb az az, hogy csak miután a fenevad identitása feltárul, ahogy Dániel megjósolta, akkor jönnek rá a zsidók arra, hogy a hitüket rossz irányba terelték. Ezzel a könyvvel azt remélem, hogy elfogadod a Messiást, akit Isten már elküldött, és elkerülöd azt, hogy a hétéves nagy éhínségbe kerülj.

Ezért, mint már említettem, el kell fogadnod Jézus Krisztust, és olyan hittel kell bírnod, amely tetszik Istennek. Ez az egyetlen módja annak, hogy megszabadulj a hétéves éhínségtől.

Milyen kár, hogy nem emelkedhetsz a levegőbe, és a földön maradsz az Úr második eljövetelekor! Azonban szerencsére lesz majd egy utolsó lehetőséged az üdvösséghez.

Buzgón arra kérlek, hogy fogadd el Jézus Krisztust azonnal, és a fiú-és lánytestvérekkel együtt élj Krisztusban. Még most sem késő, hogy a Biblia és a jelen könyv által tanulj, és megtudd:

hogyan szabadulhatsz az elkövetkező nagy nyomorúságtól úgy, hogy a hitedet megtartod, és megtalálod az utat, amit az Úr előkészített neked, mint utolsó esélyt az üdvösségre, és hogyan juthatsz el erre az ösvényre.

Isten biztos szeretete

Isten az Ő gondviselését az emberek Jézus általi üdvösségével kapcsolatban betartotta, és függetlenül a fajtól vagy nemzettől, ha valaki elfogadja Jézus Krisztust mint Megmentőjét, és Isten akaratának megfelel, Isten azt a saját gyermekévé teszi, és megengedi neki, hogy az örök életet élvezze. Mi történt Izraellel és az ő népével? Sokan közülük nem fogadták el Jézus Krisztust, és távol maradnak az üdvösség útjától. Milyen kár, hogy nem fogják felismerni az üdvösség útját Jézus Krisztus által, egészen addig, amíg az Úr másodszor is eljön a levegőben, és Isten üdvözült gyermekei a földről a levegőbe mennek! Mi történik ekkor Isten kiválasztott népével, Izraellel? Kizárják őket Isten üdvözült gyermekeinek parádéjából? Az emberiség történelmének utolsó pillanatában Isten előkészítette az Ő nagyszerű tervét Izrael számára.

Nem ember az Isten, hogy hazudjék és nem embernek fia, hogy megváltozzék. Mond-é ő valamit, hogy meg ne tenné? Ígér-é valamit, hogy azt ne teljesítené? (Mózes negyedik könyve 23,19)

Mi az utolsó gondviselés, amelyet Isten előkészített Izraelnek az idő végekor? Isten előkészítette a „maradék üdvösség" útját az Ő kiválasztottai számára, hogy úgy üdvözülhessenek, hogy rájönnek: az a Jézus, akit ők keresztre feszítettek, Maga a Messiás, akit oly régóta várnak, és alaposan megbánják bűneiket Isten színe előtt.

Maradék üdvösség

A hétéves nagy éhínség alatt, mivel megtapasztalják azt, hogy számos ember felmegy a levegőbe, és megtudják az igazságot, néhányan azok közül, akik hátramaradnak a földön elfogadják és elhiszik, hogy a mennyország meg a pokol valóban létezik, Isten él, és Jézus Krisztus az egyedüli Megmentőnk. Sőt, megpróbálják elkerülni a fenevad jelét. Az Elragadtatás után megváltoznak, elolvassák Isten szavát a Bibliában, összejönnek és istentiszteletet tartanak, ahol Isten szavára figyelnek majd, és megpróbálnak annak megfelelően élni.

A nagy éhínség kezdetén sok ember képes lesz arra, hogy vallásosan éljen, és másokat megkereszteljen, mivel még nem lesznek szervezett üldözések. Nem kapják meg a fenevad jelét, mivel már tudták, hogy nem üdvözülhetnek a jellel, és megpróbálnak olyan életet élni, amely révén boldogulhatnak, és amellyel a hétéves nyomorúság alatt üdvözülhetnek. Nagyon nehéz lesz megtartaniuk a hitüket azonban, mivel a Szentlélek már elhagyta ekkorra a világot.

Sokan közülük rengeteg könnyet kiontanak, mivel nem lesz senki, aki az istentiszteleteket vezesse, és segítsen nekik abban, hogy a hitüket erősítsék. Isten segítsége és védelme nélkül kell megtartaniuk a hitüket. Gyászolniuk kell majd, mivel sajnálni fogják, hogy nem követék Isten szavát, bár azt mondták nekik, hogy kövessék Jézus Krisztust, és hűséges hitbeli életet éljenek. Mindenféle megpróbáltatás és üldözés között meg kell őrizniük a hitüket, és nehezen tudják majd ezen a világon Isten igaz szavát megtalálni.

Néhányan közülük elbújnak a messzi hegyekben azért, hogy ne kapják meg a fenevad jelét, a 666-ot. Gyökereket és növényeket fognak keresni, mivel semmit nem vásárolhatnak vagy adhatnak el anélkül, hogy a fenevad jelét megkapnák. A nagy nyomorúság második felében három és fél évig az antikrisztus serege figyelmesen követi és üldözi majd a hívőket. Függetlenül attól, hogy milyen távoli hegyekben bújtak el, a sereg felfedezi őket, és elviszi.

A fenevad kormánya összeszedi azokat, akik nem kapták meg a jelet, és arra kényszeríti őket, hogy megtagadják az Urat, és megkapják azt, számos kínzás között. Végül sokan közülük feladják a harcot és elfogadják a jelet, mivel nem bírják már a fájdalmat és megpróbáltatást tovább.

A hadsereg felakasztja őket a falra meztelenül, és egy kézi fúróval furkálják majd a testüket. A teljes testet megnyúzzák a fejtől a lábujjakig. A gyerekeiket a saját szemük előtt kínozzák meg. Nagyon nehéz lesz számukra mártírhalált halni, mivel a

rájuk mért kínzások rendkívül kegyetlenek lesznek.
Ezért csupán néhányan, akik erős akarattal bírnak, mely az emberi erőt túlszárnyalja, és mártírhalált halnak, üdvözülhetnek és juthatnak a mennyországba. Néhány ember megőrzi tehát a hitét, anélkül, hogy elárulná az Urat, és feláldozza az életét a mártírságban az antikrisztus ellenőrzése mellett, a nagy éhínség alatt. Ezt hívjuk „maradék üdvösségnek".

Istennek mély titkai vannak, amelyeket előkészít az Ő kiválasztott népe, Izrael számára. Ezek között van a Két Tanú és Petra, a hely.

A Két Tanú megjelenése és szolgálata

A Jelenések könyve 11,3 ezt tartalmazza: *„És adom az én két tanúbizonyságomnak, hogy prófétáljanak, gyászruhákba öltözve, ezer kétszáz hatvan napig."* A Két Tanú az a két ember, akiket Isten arra szánt a Tervében, hogy megmentse az Ő kiválasztott népét, Izraelt. A zsidóknak tanúskodni fognak Izraelben arról, hogy Jézus Krisztus az egyedüli Megmentő, akiről az Ótestamentumban prófétáltak.

Isten beszélt nekem a Két Tanúról. Elmondta, hogy nem öregek, az igazságban járnak, és a szívük igaz. Azt is tudatta velem, hogy az egyikük milyen vallomást tesz majd Isten előtt. A vallomása azt tartalmazza, hogy hitt a judaizmusban, azonban hallotta, hogy sok ember Jézus Krisztusban hitt, mint Megmentő, és Róla beszéltek. Istenhez imádkozik ő, hogy segítse őt megkülönböztetni, hogy mi a jó és igaz, ezt mondva:

„Ó, Istenem!

Mi ez a gond a szívemben?

Azt hiszem minden igaz volt,
Amit a szüleimtől hallottam
Gyerekkorom óta,
De mik ezek a gondok és kérdések a szívemben?

Sokan beszélnek a Messiásról.

De csak ha valaki világos bizonyítékot tud mutatni,
Hogy helyes nekik hinni,
Hogy csak azt higgyem, amit gyerekkorom óta hallok,
Csak ekkor leszek örömteli és hálás.

De semmit sem látok,
És ha azt követem, amit azok az emberek mondanak,
Minden mást értelmetlennek és bolondosnak kell elhinnem,
Amit kora fiatalságom óta megőriztem.
Mi az igazán helyes a Te szemedben?

Isten Atya!
Ha akarsz,
Mutass egy személyt,
Aki mindent megalkot és mindent megért,

Engedd, hogy hozzám jöjjön és tanítson,
Mi az igazság pontosan.

Ahogy felnézek az égre,
Gond van a szívemben,
És ha bárki megoldja ezt a gondot,
Kérlek, mutasd meg őt nekem.

Nem tagadhatom meg az összes dolgot, amiben eddig hittem,
És ahogy ezeken a dolgokon gondolkodom,
Ha van valaki, aki meg tudja nekem tanítani ezeket,
Csak ha meg tudja mutatni, hogy igaz,
Nem fogom az összes dolgot megtagadni,
Amelyet eddig láttam.

Ezért, isten Atya!
Kérlek, mutasd meg nekem!

Add, hogy megértsem ezeket a dolgokat.

Oly sok dolog van, amit nem értek.
Azt hiszem, hogy amit eddig hallottam, minden igaz.

Azonban ahogy újra és újra gondolkodom ezeken,
Sok kérdésem van, és a szomjamat nem oltottam,
Vajon miért?

Ezért, csak ha látom ezeket a dolgokat,
És biztos lehetek bennük,
Csak ha biztos lehetek benne, hogy nem csalás,
Nem az eddigi utam ellen szól,
Csak ha tényleg látom: mi az igazság,
Csak ha mindent megtudok arról,
Amiről eddig tudni akartam,
Csak akkor lesz béke a szívemben."

Két Tanú, akik zsidók, keresik az igazságot, és Isten meghallgatja őket, és küld nekik egy embert, Isten emberét. Ez által az ember által rájönnek Isten gondviselésére az emberi műveléssel, és elfogadják Jézus Krisztust. A földön maradnak a hétéves nagy éhínség idejére, és szolgálnak Izrael megtérése és üdvözülése érdekében. Megkapják Isten különleges hatalmát és tanúskodnak Jézus Krisztus mellett Izraelnek.

Isten előtt teljesen szentesülve lesznek, és 42 hónapig szolgálnak, ahogy a Jelenések könyvének 11,2 versében találjuk. Azért jönnek Izraelből ezek a Tanúk, mert az evangélium kezdete és vége is Izrael. Pál apostol terjesztette el ezt a földön, és ha most megint eléri Izraelt, amely a kezdőpontja, akkor az evangéliumi munka befejeződik.

Jézus ezt mondta az Apostolok cselekedeteinek 1,8 versében: *"Hanem vesztek erőt, minekutána a Szent Lélek eljő reátok: és lesztek nékem tanúim úgy Jeruzsálemben, mint az egész Júdeában és Samariában és a földnek mind végső határáig."* A "föld végső határa" itt Izraelre vonatkozik, amely az evangélium végső célpontja.

A Két Tanú elmondja a kereszt üzenetét a zsidóknak, és elmeséli az üdvösség útját nekik Isten akaratával. Aztán csodálatos dolgokat művelnek, és nagyszerű jeleket, az üzenet megerősítéseképpen. Meglesz a hatalmuk ahhoz, hogy az eget bezárják, hogy az eső ne essen a próféciájuk alatt, és hatalmuk lesz a vizek fölött, hogy vérré változtassák azokat, és a földet pestissel sújtják majd, annyiszor, ahányszor csak akarják. Ez által számos zsidó visszatér majd az Úrhoz, míg mások megpróbálják lelkiismeret furdalás nélkül megölni a Két Tanút. Nemcsak azok a zsidók, hanem további más, gonosz emberek is, más országokból az antikrisztus hatalma alatt gyűlölni fogják a Két Tanút, és megpróbálják megölni őket.

A Két Tanú mártírsága és feltámadása

A Két Tanúnak akkora hatalma lesz, hogy senki nem meri majd megbántani őket. Végül a nemzetek hivatalos képviselői hozzájárulnak a megölésükhöz. Azonban mindez nem a hivatalnokok akaratából, hanem Isten akaratából fog bekövetkezni, aki eldönti, mikor kell mártírhalált halniuk. A hely, ahol mártírságot szenvednek nem más, mint Jézus keresztre feszítésének helye, és egyben a feltámadásukat is jelenti.

Amikor Jézust keresztre feszítették, a római katonák őrizték a sírját, hogy senki se vihesse el a testét. Azonban a testét később nem találták meg, mivel feltámadt. Azok az emberek, akik a Két Tanút megölik, emlékeznek majd erre, és félni fognak, hogy az ő testüket is ellopják. Ezért nem engedik meg, hogy a testüket sírba helyezzék, hanem a holttestük az útra kerül majd, hogy minden világi ember láthassa azokat. Erre a látványra, amikor azt látják, hogy a két tanú meghalt, azok az emberek, akiknek nincs lelkiismeret furdalásuk emiatt, nagyon örvendenek.

A teljes világ örül majd és vigad, a média terjeszti a haláluk hírét, három és fél napig a műholdakon keresztül. Ez után a két tanú feltámadása megtörténik. Újra élőek lesznek, felkapják őket a levegőbe, a dicsőség felhőjében, ahogy Éliás is felment a forgószélben. Ez a csodálatos látvány fog szerepelni az adásokban az egész világon, és számos ember nézi majd.

Abban az órában nagy földrengés lesz, a város tizede elesik, és hétezer ember meghal a földrengésben. A Jelenések könyve 11,3-13 részletesen leírja ezt:

És adom az én két tanúbizonyságomnak, hogy prófétáljanak, gyászruhákba öltözve, ezer kétszáz hatvan napig. Ezek az a két olajfa, és a két gyertyatartó, a melyek a földnek Istene előtt állanak. És ha valaki akar nékik ártani, tűz származik az ő szájokból, a mely megöli az ő ellenségeiket; és ha valaki akar nékik ártani, úgy kell annak megöletni. Ezeknek van hatalmuk arra, hogy bezárják az eget, hogy az ő prófétálásuknak idejében eső ne legyen;

*és hatalmuk van a vizeken, hogy azokat vérré
változtassák, és megverjék a földet akármi csapással,
valamennyiszer akarják. És mikor elvégezik az ő
bizonyságtételöket, a mélységből feljövő fenevad
hadakozik ellenök, és legyőzi őket, és megöli őket. És
az ő holttesteik [feküsznek] ama nagy városnak utczáin,
a mely lélek szerint Sodomának és Égyiptomnak
hivatik, a hol a mi Urunk is megfeszíttetett. És a
népek és ágazatok, és nyelvek és nemzetek közül valók
látják azoknak holttestét három és fél nap, és azoknak
holttestét nem engedik sírba tenni. És a földnek
lakosai örülnek és örvendeznek rajtok, és ajándékokat
küldenek egymásnak; mivelhogy e két próféta gyötörte
a földnek lakosait. De három és fél nap mulva életnek
lelke adaték Istentől ő beléjök, és lábaikra állának; és
nagy félelem esék azokra, a kik őket nézik vala. 12És
hallának nagy szózatot az égből, a mely ezt mondja
vala nékik: Jöjjetek fel ide. És felmenének az égbe
felhőben; és láták őket az ő ellenségeik. És lőn abban
az órában nagy földindulás, és a városnak tizedrésze
elesék; és megöleték a földindulásban hétezer ember
neve; és a többiek megrémülének, és a menny Istenének
adának dicsőséget* (A Jelenések könyve 11,3-13).

Függetlenül attól, hogy mennyire önfejűek, ha van egy kevés jóság a szívükben, rá fognak jönni arra, hogy a nagy földrengés és a feltámadás, valamint a két tanú mennybemenetele Isten munkája mind, és Istennek dicsőséget adnak majd. És arra lesznek kényszerítve, hogy elismerjék: Jézus Isten hatalma által támadt fel körülbelül 2.000 évvel ezelőtt. Függetlenül a körülményektől és a történtektől, még mindig lesz néhány olyan ember, aki nem dicsőíti Istent.

Arra biztatlak benneteket, hogy fogadjátok el Isten szeretetét. Az utolsó pillanatig Isten meg akar menteni téged, és azt szeretné Ő, hogy hallgasd meg a két tanút. A két tanú Isten nagy hatalmával tanúsítja majd, hogy Tőle jöttek. Számos embert felébresztenek azzal kapcsolatban, hogy Isten szereti őket, és hogy mit szeretne tőlük. És elvezetnek téged is arra, hogy megragadd az utolsó lehetőséget az üdvösség felé.

Buzgón kérlek: ne állj az ellenségek mellé, akik az ördöghöz tartoznak, és a veszélyek útjára vezetnek téged, hanem hallgasd meg a két tanút, és érd el az üdvösséget.

Petra, a zsidók menedéke

A másik titok, amelyet Isten előkészített az Ő kiválasztottainak, Izrael népének, Petra, amely egy menedék lesz a hétéves nagy éhínség alatt. Ézsaiás 16,1-4 mesél erről a helyről, amit Petrának hívnak:

Küldjétek a föld Urának bárányát Szelából a pusztán át Sion leányának hegyére. Mert mint a

*bujdosó madár szétszórt fészek körül, olyanok lőnek
Moáb leányai az Arnon gázlóin: Adj tanácsot, tarts
ítéletet; tegyed árnyékodat délben olyanná, mint
az éjszaka, rejtsd el a kiűzötteket, [és] a bujdosót
ne add ki! Lakozzanak benned menekültjeim, [és]
Moábnak te légy oltalom a pusztító ellen! Mert vége a
nyomorgatónak, megszünt a pusztítás, és elfogytak a
földről a tapodók* (Ézsaiás könyve 16,1-4).

Moáb földje az Izrael keleti részében található Jordán földjére utal. Petra egy archeológiai hely délnyugat Jordániában, a Hor hegy oldalán egy medencében a hegyek között, amelyek Arabah (Wadi Araba) keleti horpaszát alkotják, amely egy nagy völgy a Holt tengertől az Aqaba öbölig. Petrát általában Selával azonosítják, amely szintén sziklát jelent, a bibliai referenciái pedig a Királyok második könyvének 14,7 és Ézsaiás 16,1 versében találhatóak.

Miután az Úr megint eljön a levegőben, fogadja az üdvözült embereket és élvezi a hétéves nagy menyegzőt, és akkor Ő lejön a földre velük, hogy uralkodjon a földön velük a millennium ideje alatt. A hét év alatt az Úr második eljövetelétől az Elragadtatásra egészen a földre jöveteléig a nagy éhínség befödi a földet, és a második nagy éhínség második felében három és fél évig 1.260 napig Izrael népe megpróbál elbújni a helyen, amelyet Isten tervei szerint előkészítettek nekik. A búvóhely Petra (Jelenések könyve 12,6-14).

Miért lesz szüksége a zsidóknak erre a bújóhelyre?

Miután Isten kiválasztotta Izrael népét, Izraelt számos idegen fajta támadta és üldözte. Az ok: az ördög, amely mindig Isten ellen van, megpróbálta megakadályozni Izraelt abban, hogy Isten áldását megkapja. Ugyanez fog történni a világ végekor is.

Amikor a zsidók rájönnek a hétéves nagy éhínség által, hogy a Megmentőjük Jézus Krisztus, aki a földre érkezett 2.000 évvel ezelőtt, és megpróbálják megbánni a bűneiket, az ördög üldözni fogja őket, hogy megakadályozza azt, hogy a zsidók megőrizhessék a hitüket.

Isten, aki mindent tud, előkészítette az Ő kiválasztott népe, Izrael számára a bújóhelyet, ezzel kifejezve az Ő szeretetét irántuk, és nem fogja az Ő szeretetét sajnálni tőlük. Isten e tervének és szeretetének megfelelően Izrael bemegy Petrába, hogy megszabaduljon az őt tönkre tevőktől.

Ahogy Jézus mondta Máté evangéliumának 24,16 versében: *"Akkor, a kik Júdeában lesznek, fussanak a hegyekre"* – a zsidók meg tudnak szabadulni a hétéves nagy nyomorúságtól, és elbújhatnak a hegyekben, ahol megőrzik a hitüket, és üdvözülnek.

Amikor a halál angyala az összes elsőszülöttet tönkretette Egyiptomban, a zsidók gyorsan kapcsolatba léptek egymással, és megszabadultak ugyanettől a pestistől úgy, hogy a bárány vérét a két ajtófélre és a szemöldökfára öntötték a házukban.

Hasonlóan most is: a zsidók nagyon gyorsan kapcsolatot teremtenek majd egymással azzal kapcsolatban, hogy hová

menjenek, és eljutnak erre a bújóhelyre mielőtt az antikrisztus
kormánya letartóztathatná őket. Petráról tudni fognak majd,
mivel számos evangélista tett korábban tanúbizonyságot nekik
róla, és még azok is, akik korábban nem hittek, megkeresik a
bújóhelyet majd.

Ez a bújóhely nem túl sok embert képes azonban elrejteni.
Számos olyan ember, aki a Két Tanú által bűnbánatot tartott,
nem lesz képes elbújni itt, megtartani a hitét, és ezért a nagy
éhínség alatt mártírhalált halnak majd.

Isten szeretete, mely a Két Tanú és Petra által nyilvánul meg

Kedves fivérem és nővérem, elvesztetted a lehetőséget, hogy az
Elragadtatás által üdvözülj? Akkor ne habozz, menj Petrába, mely
az utolsó esélyed, hogy üdvösséget nyerj, és ezt az esélyt Isten
adta. Hamarosan szörnyű katasztrófák jönnek az antikrisztus
által. El kell bújnod Petrában, mielőtt az utolsó kegyelem ajtaja
becsukódik előtted az antikrisztus erejének következtében.

Elmulasztottad a lehetőségét, hogy Petrába kerülj? Akkor az
utolsó lehetőség számodra az üdvösségre és a mennyországra az,
hogy nem tagadod meg az Urat, én nem kapod meg a fenevad
jelét, a „666"-ot. Sokféle undorító kínzást kell legyőznöd, és
mártírhalált kell halnod. Egyáltalán nem könnyű, azonban meg
kell tenned azért, hogy az örök kínoktól megszabadulj az égő
tóban.

Buzgón azt kívánom, ne térj le az üdvösség útjáról, emlékezz Isten örök szeretetére, mindig, hogy bátran leküzdhess mindent. Amíg a kísértések és üldözések ellen küzdesz, amit az antikrisztus okoz neked, mi, hitbeli fivéreid és nővéreid buzgón imádkozunk a diadalodért.

A mi igaz kívánságunk számodra az, hogy fogadd el Jézus Krisztust, mielőtt mindez megtörténik, emelkedj a levegőbe velünk együtt, és menj el a lakodalmi menyegzőbe, amikor az Urunk eljön megint. Szeretetkönnyeinkkel imádkozunk, és mondjuk, hogy Isten emlékszik az elődeid hitcselekedeteire, valamint az általuk aláírt szerződésre Vele, és még egyszer megadja neked az üdvösség kegyelmét.

Az Ő nagy szeretetével Isten előkészített két tanút és Petrát, hogy elfogadhasd Jézus Krisztust, mint Messiást és Megmentőt, és üdvözülhess. Az emberiség történelmének utolsó pillanatáig arra biztatlak: emlékezz az Ő hibátlan szeretetére, aki soha nem ad fel téged.

A Két Tanú elküldése előtt, a hétéves nagy éhínség előkészítésekor, a szeretet Istene küldött egy istenes embert, aki elmondta neked, mi fog történni a világ végekor, és elvezetett az üdvösségre. Isten nem szeretné, ha egy is közületek a hétéves nagy nyomorúságban ragadna. Még ha a földön is maradnál az Elragadtatás után, Ő azt szeretné, ha megragadnád, és a kezedben tartanád erősen az utolsó esélyt az üdvösségedre. Ez Isten nagyszerű szeretete.

Már nem sok idő van a hétéves nagy éhínség kezdetéig. Ez alatt az egyedülálló nyomorúság alatt, amilyen még nem volt az emberiség történelmében, az Istenünk beteljesíti a szeretetét és tervét Izrael számára. Az emberiség művelésének történelme, Izrael történelmének befejezésével együtt, befejeződik.

Tegyük fel, hogy a zsidók azonnal megértik Isten igaz akaratát, és elfogadják Jézust mint Megmentőjüket. Isten még azt is megtenné, hogy Izrael teljes történelmét, amint az a Bibliában szerepel, újraírja. Mindez azért van, mert Isten szeretete Izrael iránt minden képzeletet felülmúl.

Azonban számos zsidó járja és járta a saját útját addig, amíg a kritikus idő eljön. Isten, a Mindenható, aki mindent tud, ami a jövőben meg fog történni, megtervezte az utolsó esélyedet az üdvösségre, és vezet téged az Ő hibátlan szeretetével.

Ímé, én elküldöm néktek Illyést, a prófétát, mielőtt eljön az Úrnak nagy és félelmetes napja. És az atyák szívét a fiakhoz fordítja, a fiak szívét pedig az atyákhoz, hogy el ne jőjjek és meg ne verjem e földet átokkal (Malakiás próféta könyve 4,5-6).

Megköszönöm Istennek, és dicsőséget adok Neki, aki nemcsak Izraelt, az Ő kiválasztott népét, hanem a világ összes népét elvezeti az üdvösség útjára, az Ő végtelen szeretetével.

A szerző:

Dr. Jaerock Lee

Dr. Jaerock Lee Muanban, Jeonnam Tartományban, a Koreai Köztársaságban született, 1943-ban. A húszas éveiben hét évig gyógyíthatatlan betegségekben szenvedett, és a gyógyulás reménye nélkül várta a halált. Egy napon 1974-ben azonban a nővére elvitte egy templomba, és amikor letérdelt, hogy imádkozzon, az Élő Isten az összes betegségéből kigyógyította.
Attól a pillanattól fogva, hogy e csodás tapasztalat révén Dr. Lee találkozott az Élő Istennel, teljes szívéből és őszintén szereti Istent, és 1978-ban elhivatott az Ő szolgájaként. Buzgón imádkozott, hogy megérthesse Isten akaratát, és teljesen beteljesítse azt, és Isten igéjét teljesen betartotta. 1982-ben megalapította a Manmin Központi Egyházat Szöulban, Koreában, és azóta számtalan isteni munka történt ebben a templomban, beleértve a nagyszerű gyógyulásokat és a csodákat.
1986-ban lelkésszé szentelték a Jézus Sungkyul Koreai Egyházának éves összejövetelén, és négy évvel később, 1990-ben az istentiszteleteit elkezdték közvetíteni Ausztráliában, Oroszországban, a Fülöp-szigeteken, és számos más országban, a Far East Broadcasting Company, az Asia Broadcast Station, valamint a Washington Christian Radio System közreműködésével.

Három évvel később, 1993-ban a Manmin Központi Templomot beválasztották „A világ legjobb 50 temploma" közé, a Christian World magazin által (USA), és tiszteletbeli doktori címet kapott a Christian Faith College, Florida, USA, intézménytől, és 1996-ban doktori címet is – a lelkészi tudományokban – az iowai Kingsway Theological Seminarytől, az Egyesült Államokból. 1993 óta Dr. Lee a világmisszió terén vezető szerepet vállal, külföldön az Egyesült Államokban, Tanzániában, Argentínában, Ugandában, Japánban, Pakisztánban, Kenyában, a Fülöp-szigeteken, Hondurasban, Indiában, Oroszországban, Németországban és Peruban, és 2002-ben „világszintű lelkésznek" nevezték a vezető koreai keresztény újságok, a külföldi Nagy Egyesült Missziókban kifejtett tevékenységéért.

2002-ben elismerték, mint „globális misszionáriust," az erős szolgálatáért különböző külföldi missziókban, vezető keresztény újságokban Koreában. Különösen jelentős ezek között a „New York Crusade 2006," melyet a Madison Square Gardenben tartottak, amely a leghíresebb aréna a világon. Az eseményt 220 nemzetnek közvetítették.

Az „Izrael Egyesült Crusade 2009" nevezetű eseményt a Nemzetközi Kongresszusi Központban (ICC) tartották, ahol bátran hirdette Jézus Krisztust, mint a Messiást és Megváltót.

A prédikációit 176 nemzetnek sugározzák műholdakkal, beleértve a GCN TV-t, és szerepel a „Top 10 legbefolyásosabb keresztény vezető" listáján 2009-ben és 2010-ben. A népszerű orosz keresztény magazin, az In Victory és a Christian Telegraph hírügynökség említi a széles körű televíziós műsor-közvetítéseit, és a külföldi egyházi szolgálatát lelkészként.

2013 májusáig a Manmin Központi Templom több mint 120. 000 tagot számlált, 10.000 hazai és külföldi leányegyháza volt szerte a világon, valamint 56 hazai temploma, és eddig több mint 129 misszionáriust küldött 23 országba, beleértve az Egyesült Államokat, Oroszországot, Németországot, Kanadát, Japánt, Kínát, Franciaországot, Indiát, Kenyát, és sok más országot.

A mai napig Dr. Lee 85 könyvet írt, közöttük a rekord példányszámban eladott Az örök élet megkóstolása a halál előtt, Életem, hitem, A kereszt üzenete, A hit mértéke, A Mennyország I és II, A pokol, Isten hatalma, és a munkáit több mint 75 nyelvre lefordították.

A keresztény írásai a következő lapokban jelennek meg: *The Hankook Ilbo, The JoongAng Daily, The Chosun Ilbo, The Dong-A Ilbo, The Munhwa Ilbo, The Seoul Shinmun, The Kyunghyang Shinmun, The Korea Economic Daily, The Korea Herald, The Shisa News,* és *The Christian Press.*

Dr. Lee jelenleg több tisztséget tölt be: a Koreai Egyesült Szentség Egyház elnöke; a The Nation Evangelization Paper újság vezérigazgatója; a Manmin Misszió elnöke; a Manmin TV alapítója; a Global Christian Network (GCN) alapítója és igazgatótanácsának elnöke; a The World Christian Doctors Network (WCDN) alapítója és igazgatótanácsának elnöke; és a Manmin Nemzetközi Lelkészképző (MIS) alapítója és igazgatótanácsának elnöke.

Más, hasonlóan hatásos könyvek a szerzőtől:

Mennyország I & II

Egy részletes vázlat a mennyei állampolgárok dicsőséges körülményeiről, amelyet Isten dicsőségében élveznek.

A Kereszt Üzenete

Egy erőteljes ébresztő üzenet mindazoknak, akik spirituálisan alszanak. Ebben a könyvben megtalálod Isten igaz szeretetét, valamint megtudod: miért Jézus az egyedüli Megmentő?

Pokol

Egy őszinte üzenet az emberiségnek Istentől, aki azt kívánja, hogy egyetlen lélek se hulljon a pokol mélységeibe! Felfedezheted Hadész soha fel nem tárt képét, valamint a pokol kegyetlen valóságát.

Szellem, Lélek és Test I & II

Egy kézikönyv, mely segíti spirituális megértést a lélekkel, szellemmel, testtel kapcsolatban, és segít megtalálni, hogy milyen „énünk" van, hogy erőt nyerjünk, mellyel a sötétséget legyőzhessük, és a szellem emberévé váljunk.

A Hit Mértéke

Milyen mennyei helyet, és milyen koronákat és jutalmakat készítenek elő a számodra a mennyekben? Ez a könyv ellát bölcsességgel és útmutatással téged, hogy megmérhesd a hited, valamint a legjobb és a legérettebb hitet gyakorolhasd.

Ébredj Izrael!

Miért tartotta Isten a szemét a világ végétől máig Izraelen? Milyen gondviselést tartogat Izrael számára – akik ma is a Messiást várják – az utolsó napokra?

Életem, Hitem I & II

Dr. Jaerock Lee önéletrajza a legkellemesebb spirituális aromát nyújtja az olvasó számára, az élete az Isten iránti szeretet által kezdett virágozni, miután sötét hullámok, hideg járom jutott számára, valamint a legmélyebb elkeseredés.

Isten Hatalma

Egy kihagyhatatlan olvasmány, egy alapvető útmutató az igaz hit eléréséhez, és Isten csodáinak megtapasztalásához.

www.urimbooks.com

www.ingramcontent.com/pod-product-compliance
Lightning Source LLC
LaVergne TN
LVHW041940070526
838199LV00051BA/2856